오리게네스에게
영성을 묻다

오리게네스에게 영성을 묻다

2021년 2월 10일 교회 인가
2021년 5월 23일 초판 1쇄 펴냄

지은이 · 윤주현
펴낸이 · 염수정
펴낸곳 · 가톨릭출판사
편집 겸 인쇄인 · 김대영

본사 · 서울특별시 중구 중림로 27
등록 · 1958. 1. 16. 제2-314호
전자우편 · edit@catholicbook.kr
전화 · 1544-1886(대표 번호)
지로번호 · 3000997

ⓒ 윤주현, 2021

ISBN 978-89-321-1773-7 03230

값 15,000원

가톨릭의 모든 도서와 성물을 '가톨릭출판사 인터넷쇼핑몰'에서 만나 보실 수 있습니다.
http://www.catholicbook.kr | (02)6365-1888(구입 문의)

성경 ⓒ 한국천주교중앙협의회, 2021.

이 책은 저작권법에 의해 보호를 받는 저작물이므로 무단 전재와 무단 복제를 금합니다.

가톨릭 영성 학교

오리게네스에게 영성을 묻다

영성은 이렇게 시작되었다

윤주현 지음

가톨릭출판사

들어가는 말

영성의 위대한 첫걸음

우리에게 영적으로 새 생명을 전해 준 성교회聖教會의 정신사, 좀 더 정확히 말해 영적인 맥脈은 어디서부터 유래했을까요? 지금부터 그 이야기를 여러분과 나누고자 합니다. 저는 가르멜 수도회 소속 수도 사제인 탓에 수도회 입회 초기부터 비교적 '영성'이란 주제에 상당히 익숙한 상태로 살아왔습니다. 그도 그럴 것이 저희 수도회에는 소위 교회 박사로 불리는 성인이 세 분(예수의 데레사 성녀, 십자가의 요한 성인, 아기 예수의 데레사 성녀)이나 계시기 때문입니다. 그 성인들은 시대를 초월하여 보편 교회 전체에 영향을 미친 가르침을 전해 주었지요. 그래서 저는 그분들의 가르침을 젖줄 삼아 수도 생활을 할 수 있었습니다. 특히 예수의 데레사 성녀와 십자가의 요한 성인은 영성 신학 전체를 체계적으로 잘 설명해 주고 계십니다. '인간이 하느님과 영적 합일에 이르기 위해 거치는 여정'을 구체적으로 알려 주신 분들이지요. 그래서 비록 그 영성만큼 삶이 따라 주지는 못하더라도 이론적으로는 아쉬워하지 않으며 살아왔습니다. 또한 이런 저희 수도회 성인들에 대한 자부심도 자못 깊었습니다. 그래서 다른 수도회의 영성이나 다른 성인들에 대해 그리 아쉬워하지도 않았고, "영성과 관련해서 달리 새로운 공부가 있겠나." 하며 우물 안 개구리와 같은 생각 속에 잠겨 있었습니다. 수십 년 전, 한참 어리고 몰라도 한참 모르던 풋내기 신학생 때의 일이었습니다. 책 한 권 읽은 사람이 제일 무섭다고 하듯이, 그때 그 시절의 저는 그랬던 것 같습니다.

그런데 이런 제가 "참 부족했구나." 하며 뒤통수를 맞은 느낌이 들었던 것은 1995년 로마로 유학을 가서 영성 신학을 공부하면서부터였습니다. 특히 영성의 역사를 배우면서 듣도 보도 못한 각각의 시대를 풍미했던 영성가들을 보면서 감탄을 금할 수 없었습니다. 그간 몰라도 너무 몰랐구나 하는 생각에 쥐구멍에라도 들어가고 싶은 심정이었습니다. 특히 소위 그리스도교 영성의 효시라 불리는 오리게네스의 가르침을 접했을 때 이러한 느낌은 더 강해졌습니다. 예수의 데레사 성녀의 영성에 깊이 배어 있는 신비적인 표현들, 예컨대 '영적 결혼', '사랑의 상처'와 같은 용어들은 그분의 영적 가르침에서 나온 것이라는 사실을 알게 되었습니다. 2~3세기 북아프리카와 팔레스티나 지방에서 살았던 오리게네스와 16세기 스페인에서 살았던 데레사 성녀 사이에는 깊은 연관성이 있었습니다. 두 분 사이에 영적인 맥이 통하고 있음을 발견하고 전율이 느껴졌지요. 당시 제가 듣던 과목은 '교부 시대 영성'이라는 강의였는데, 그 과목을 강의하시던 테레시아눔의 마누엘 디에고 신부님은 영성의 원류인 오리게네스의 중요성을 계속 강조하셨습니다. 그분이 후대에 영성적인 면에서 미친 지대한 영향을 끼쳤음을 다양하게 알려 주신 것입니다. 오리게네스의 영성을 모르면 결코 그리스도교 영성의 원류를 알 수 없습니다. 영성사의 시작에는 '오리게네스'

라는 그리스도교 역사상 최고의 거목巨木이 자리하고 있습니다. 그래서 저는 '영성의 역사를 열어젖히는 오리게네스의 영성'을 〈가톨릭 영성 학교〉 두 번째 책의 주제로 여러분과 나누고자 합니다.

그리스도교 영성의 역사를 거슬러 올라가다 보면 '교부 시대'를 만나게 됩니다. 그리스도교 사상사에서 기원이 되는 시대이지요. 이 시대는 예수님께서 인류를 위해 돌아가시고 부활하시고 승천하신 다음 그분의 사명을 이어받은 제자들과 그 제자들의 시대입니다. 즉, 예수님을 알았던 사람들과 그들로부터 예수님의 말씀과 행적에 대해 생생한 증언을 전해 받은 사람들의 세대, 그리고 이를 바탕으로 당대의 철학에 비추어 그분의 메시지를 깊이 있게 성찰하고 이방인들에게 복음을 전하던 시대를 말합니다. 학계에서는 교부 시대를 그리스 언어권에서는 1세기 말부터 마지막 교부인 다마스쿠스의 요한(†750)까지, 라틴 언어권에서는 세비야의 이시도로(†636)까지로 봅니다. 이 시대에 활동하셨던 분들은 시기적으로나 사상적으로 볼 때 예수 그리스도의 가르침에 상당히 가까웠습니다. 그래서 이분들은 주님께서 가르치신 복음을 그 본래의 정신에 입각해서 받아들이고 성찰하여 그다음 세대에게 전해 줄 수 있는 유리한 위치에 있었습니다.

사실, 그리스도교가 대세였으며 정치와 종교가 일치된 사회에서 살아가던 중세 유럽의 그리스도교 신자들에게는 신앙, 영성 그리고 영성의 원류인 오리게네스는 그리 낯설지 않았습니다. 그러나 이제는 그리스도교, 특히 가톨릭이 대세도 아니거니와 영성이나 신앙에 관심도 부족합니다. 그래서 오리게네스의 생애와 영성을 소개하는 것은 다소 생뚱맞을 수도 있겠습니다. 하지만 인간의 영혼 안에 깊이 각인된 영원을 향한 그리움, 궁극적인 진리를 향한 열망은 예나 지금이나 변함없습니다. 오히려 오늘날처럼 인류 역사상 물질문명이 최고로 발전하면서 예전에는 상상만 했던 일들이 실제로 일어나고 있는 지금이 이러한 가르침이 더욱 필요한 때라고 확신합니다. 모든 물질의 풍요로움과 기술의 편리함 속에서 인류는 큰 내적 공허 속에 목말라하고 있지 않은가 싶습니다. 우리 안에 심어진 영원을 향한 목마름은 결코 세상 그 무엇으로도 채워질 수 없습니다. 그래서 오늘날은 역설적이게도 더욱 더 영적인 가치가 소중한 시대라고 생각합니다. 보이지 않고 만질 수는 없지만 우리 존재에 궁극적인 의미를 부여하고 삶에 참된 희망과 가치를 부여해 주는 실재, 오늘을 살아가는 현대인들에게는 바로 그것이 필요합니다. 그렇지 않다면, 현대인이 앓고 있는 의미 부재의 병, 공허함은 그 무엇으로도 치유될 수 없습니다.

오늘을 살아가는 현대인들은 무한 경쟁 속에서 자신이 가진 능력과 자신이 이루어 낸 가시적인 성과로만 평가받습니다. 그러한 것들로만 품격을 보장받는 냉정한 사회 속에서 살아가고 있는 것이지요. 그 어디서도 아무 조건 없이 받아들여지고 인정받는 공동체를 찾기란 쉽지 않습니다. 인간은 끊임없이 사랑을 갈구하며 헤매는 존재입니다. 그러나 이 세상 어디서도 궁극적인 쉼을 발견하지 못합니다. 이 세상에서 발견할 수 있는 사랑이란 단편적이고 일시적인 것일 뿐, 영원한 사랑에 대한 인간의 염원은 그 무엇으로도 채워질 수 없기 때문입니다. 이 세상을 사랑으로 내셨고 사랑으로 우리를 존재케 하신 하느님, 영원한 사랑이신 '하느님'만이 우리에게 진정한 쉼을 선사해 주실 수 있습니다.

오리게네스는 우리 존재에 궁극적인 의미가 되는 하느님, 우리가 염원하는 궁극적 사랑이신 하느님, 바로 그 하느님을 우리에게 보여 주고 사랑하는 비결을 알려 주신 예수 그리스도께로 우리를 인도하는 탁월한 안내자입니다. 가톨릭 교회 역사상 수많은 성인 성녀들이 수많은 영성의 길을 전해 주었습니다. 그러나 감히 말씀드리자면, 오리게네스는 대부분의 성인 성녀들이 가르쳐 준 영성의 강물의 시작점이라고 할 수 있습니다. 그렇기에 오리게네스가 그 어떤 성인이나 영성가보다 힘 있게 하느님을 향해 나아가는 길, 궁극적인 사랑을 발견할 수 있는 길로 여러분을 안내해 주리라 믿습니다. 비록 오리게네스 교부가 살았던 시대와 우리가 사는 시대는 1,800년이라는 세월의 거리를 두고 있지만, 인간이 궁극적인 행복을 추구하며 이를 보장해 주는 영원한 사랑을 찾아 헤매는 존재라는 사실은 그때나 지금이나 다르지 않습니다. 오리게네스는 바로 이 근본적인 문제에 대한 해답을 '영성'이라는 화두를 통해 우리에게 알려 주셨습니다. 오리게네스는 교회 역사상 그 누구보다도 독창적이고 영민한 대학자셨지만, 동시에 그 누구보다도 뜨거운 가슴의 소유자셨습니다. 이분의 주요 작품을 읽으며 따라가다 보면, 자연스레 주님을 우리 생의 유일무이한 궁극적 사랑으로 받아들이게 되고 그분에 대한 사랑으로 뜨거워지는 자신을 발견하게 될 것입니다. 그 필체만큼이나 그분은 치열한 삶을 사셨습니다. 로마 제국이 그리스도교 신앙을 인정하기 훨씬 전, 박해 시대를 사셨던 오리게네스 교부는 박해로 아버지가 순교하자 당신 스스로 순교의 월계관을 쓰고 싶어 했을 정도였습니다. 일생을 순교 정신으로 살며, 헤아릴 수 없이 많은 작품으로 동시대 사람들을 비롯해 후대의 수많은 사람에게 참된 신앙의 빛, 영성의 빛을 비춰 주셨습니다. 그래서 오늘날 우리에게 신앙 안에서 새로운 삶으로, 영원한 삶으로 나아가게 해 주는 든든한 동반자이자 희망의 사도라고 할 수 있습니다. 부디 독자 여러분이 오리게네스라는 인물을 통해 새롭게 그리스도를 만나고 사랑하며 천상으로 나아가는 지름길을 발견하시기 바랍니다.

이 기회를 빌려, 이 책이 잘 출간될 수 있도록 적극적으로 도와주신 가톨릭출판사 가족에게 진심으로 감사드립니다. 또한, 필자가 지난 2019년 《신학전망》을 통해 게재한 바 있는 오리게네스 관련 2편의 논문[1]을 본서에 실을 수 있도록 허락해 주신 광주가톨릭대학교 신학 연구소 소장 김종훈 신부님과 성기복 선생님께 감사드립니다.

마지막으로, 이 책을 가르멜 수도회의 모든 수사님, 수녀님, 재속 회원, 신심 회원, 후원 회원에게 그리고 하느님을 향해 함께 나아가는 모든 지인과 가족에게 드립니다. 한국 교회의 많은 신자들이 오리게네스 교부의 가르침을 통해 한층 더 영적으로 쇄신되기를 기원하며 이 책을 삼위일체 하느님과 가르멜 성모님께 봉헌합니다.

2020년 11월 29일 대림 제1주일에
인천 가르멜 수도원에서

저자 윤주현 신부, O.C.D.

---

[1] 윤주현, "그리스도교 영성의 원류인 오리게네스", 《신학전망》 204, 2019, 199-219; "오리게네스의 인간학과 주요 영성 주제들", 《신학전망》 205, 2019, 282-313.

목차

들어가는 말
영성의 위대한 첫걸음 · 4

제1장 영성의 기초를 닦다 · 17

1. 자라나기 시작하는 영성의 씨앗
   영성을 싹틔운 교회의 아버지, 교부 · 19 / 끝나지 않은 교부들의 영성 · 24 / 모든 학문과 지식이 모인 곳, 알렉산드리아 · 26

2. 영성은 삶으로 드러난다
   독실한 가정 환경 · 41 / 학문으로 쌓은 영성 · 43 / 플라톤 철학을 녹여 내다 · 45 / 말과 글로 영성을 전하다 · 47 / 하느님 섭리에 의탁하다 · 49 / 교회 역사상 첫 번째 대학자 · 51 / 장엄한 순교의 길 · 56

제 2 장 영성을 이해하려면 · 71

1. 영성은 이렇게 탄생했습니다
   개방적인 태도 · 73 / 철학을 도구 삼아 · 75 / 말씀을 기초 삼아 · 79

2. 영성을 배우기 전에 알아야 할 것, 인간
   영성을 알기 위해서는 · 103 / 말씀에 담긴 인간의 참모습 · 106 / 영과 영혼, 육체 · 110 / 인간의 출발점과 도착점 · 115

제 3 장 교회 최초 대학자에게 배우는 영성 · 133

1. 신비로운 영성의 표현
   그리스도의 신부인 인간 · 136 / 성경의 내면화, 자기화, 부모가 됨 · 137 / 영적 인간과 영적 감각 · 139 / 영적 음식들 · 143 / 영적 결혼 · 144 / 사랑의 상처 · 147 / 사랑의 입맞춤 · 149 / 사랑하는 임의 먹이가 됨 · 151 / 사랑의 불화살 · 152

2. 관상과 활동 중 어느 것이 중요한가?
  플라톤 철학에서 본 관상 · 157 / 관상은 인간의 소명입니다 · 159 / 영성 생활에서 활동의 중요성 · 162 / 관상과 활동의 조화 · 167

3. 이스라엘의 사막 여정에서 우리의 길을 찾을 수 있습니다
  이스라엘 백성의 사막 여정 · 177 / 신앙 여정의 안내자이신 그리스도 · 182 / 수덕을 통한 영적 상승 · 192 / 안전지대에 머물지 않는 천막 영성 · 209 / 영적인 그릇의 필요성 · 215 / 그리스도와 가까워짐 · 220

나가는 말
영성의 선구자가 우리에게 건네는 말 · 230

"아, 제발 그이가 내게 입 맞춰 주었으면."(아가 1,2)

"성경에 대한 영성적인 해석은
신랑과 신부의 모습 아래 그리스도를 향해 나아가는 교회,
그리고 하느님의 말씀과 일치하고자 하는 인간 영혼을
그 대상으로 한다. 그러므로 지극히 귀하신 정배,
그리스도로부터 혼수와 혼인 예물이란 이름 아래
아주 가치 있는 선물들을 받아 든 신부를
여기서 소개하고자 한다."(오리게네스의 《아가 주해》 제1권)

1.

영성의
기초를 닦다

1. 자라나기 시작하는 영성의 씨앗

영성을 싹틔운 교회의 아버지, 교부

이 책을 시작하기 위해서는 먼저 '교부敎父'라는 말을 서명해야 할 것 같습니다. 사제들이나 신학생들에게 이 말은 일상적일지 모르지만, 일반 신자들에게는 상당히 낯설게 다가올 테니까요. 영성의 효시인 오리게네스를 만나기 전에 몇 가지 사전 지식이 필요한데, '교부'라는 말 역시 그중에 하나입니다. 이는 '아버지'의 의미를 담고 있는

'Pater(파테르)'라는 라틴어를 번역한 말입니다. 통상 'Pater'는 신앙의 아버지, 신앙의 스승이 되는 분을 일컫습니다. 그렇다고 해서 그들이 모두 다 교회가 공식적인 시성 절차를 밟아 성인품에 오른 성인이라는 말은 아닙니다. 또한 그들은 교회 박사도 아닙니다. 그러나 그리스도교 신앙과 관련된 작품들을 쓴 교회 내의 저술가임은 분명합니다. 교부들이 쓴 작품들은 당대만이 아니라 후대에도 많은 영향을 미쳤기 때문입니다. 그렇다면 교부의 기준은 무엇일까요? 현대의 교부학자 비센테 클레리노Vicente Clerino에 따르면, 소위 교부라고 말할 수 있으려면 다음과 같은 조건을 갖춰야 한다고 합니다.

① 연대기적으로 볼 때 활동 시기가 '고대'여야 합니다. 즉, 초대 교회에 활동했던 저술가여야 한다는 겁니다. 그러면 시기적으로 볼 때 정확히 언제부터 언제까지일까요? 이 점에 대해서는 학자들마다 조금씩 의견이 다르지만, 대체로 초대 교회의 저술가라는 데 동의하고 있습니다.
② 거룩한 삶을 살아야 합니다.

③ 가르침에 있어 정통적이어야 합니다. 다시 말해, 사상이 교회의 공식적인 가르침에 충실해야 합니다.

여기서 두 번째 기준인 '거룩한 삶'과 세 번째 기준인 '정통적인 가르침'은 사실 모든 교부에게 적용하기에는 무리가 있습니다. 왜냐하면 그리스도교의 믿을 교리를 구성하는 많은 부분이 1세기부터 7세기까지 서서히 정립되었기 때문입니다. 즉, 교부들의 활동 시기에는 다양한 신학적 이론들이 제시되고 논의되었습니다. 물론 대부분의 교회 가르침이 문헌적으로 확정된 오늘날이라면 "어떤 교부의 사상이 정통적이다 혹은 아니다."라고 판단할 수 있습니다. 하지만 아직 교회 가르침이 확정되지 않았던 시절의 관점에서 본다면 무엇이 정통인지 아닌지를 명확히 구별할 수 없습니다. 그래서 교부학을 연구하는 학자들 사이에서는 첫 번째 기준을 중심으로 교부라는 이름을 붙입니다. 다시 말해, 시기적으로 볼 때 그 활동 시기가 '고대'여야 한다는 겁니다.

어떤 학자들은 '교부'라는 지칭을 좁게는 초기 교회의

몇몇 저술가들에게만 국한해서 사용해야 한다고 말하기도 합니다. 예컨대 예수님과 직접 연관된 열두 사도들의 직계 제자들에게만 사용해야 한다는 것입니다. 이들은 그리스도와 직접적이고 특별한 관계를 맺었던 사람들이었습니다. 이렇게 이야기할 정도로 교부는 삶에 있어서 그리고 그 가르침에 있어서 예수님의 가르침에 보다 더 가까웠고 교회의 가르침에 충실했으며 우리 신앙에 보다 깊이 연관된 분들이라고 생각하는 것입니다. 예수님께서 승천하신 후 대략 50년에서 70년경 사이에 마르코 복음서, 마태오 복음서, 루카 복음서가 만들어졌고 요한 복음서는 1세기 말에 만들어졌습니다. 교부들은 이 시대 또는 이 시대 바로 직후의 시대를 살면서 예수님에 대한 직접적인 증언을 열두 사도로부터 물려받아 그다음 세대에게 전해 주었습니다. 그리고 이어지는 세대에서 다양한 이단 논쟁이 벌어졌을 때, 믿을 교리와 관련된 표현들을 여러 공의회를 통해 확정하는 데 영향을 미쳤습니다.

그러므로 성경의 관점에서 보면, '교부들'은 예수님을 보다 더 가깝게 만나게 해 주는 사람들입니다. 반면, 신앙의 관점과 삶의 모범이라는 관점에서 보면, 교부들은 끊임없이 신앙과 삶의 기준이 되어 주는 사람들입니다. 그래서 현대 영성은 교부들의 영성과의 관계 아래서 논의되고 있고 이 영성을 바탕으로 새롭게 소개되어야 합니다.

가령 한국 교회가 중시하는 순교 영성을 예로 들 수 있습니다. 한국 교회는 수많은 순교 성인들이 흘린 순교의 피 위에 세워졌기에 순교 영성을 중시합니다. 그런데 이 순교 영성도 따지고 보면 교부 시대로 거슬러 올라갑니다. 사실 순교 영성은 모든 영성의 모태입니다. 이 영성에 대한 보다 깊은 이해가 이루어질 때 동정 영성, 수도자 영성, 사제 영성 등 다양한 영성에 대한 이해가 가능합니다. 교부 시대의 반 정도는 로마 박해 시대에 걸쳐 있었기에 우리는 그 시대의 교부들에게서 순교 영성과 관련된 주옥같은 가르침을 찾아볼 수 있습니다.

끝나지 않은 교부들의 영성

사실, 20세기의 현대 신학은 교부들의 전통을 되살려 놓은 신학, 교부들로 회귀한 신학이라고 할 수 있습니다. 그래서 프랑스의 대표적인 현대 신학자인 앙리 드 뤼박 Henri de Lubac은 현대 신학이 교부들을 통해 다시 꽃피웠다고 말한 바 있습니다.

현대 가톨릭 교회의 방향을 바꿔놓은 일대 사건은 제2차 바티칸 공의회입니다. 교회는 이 공의회를 통해 급변하는 현대 사회 속에서 새롭게 자신의 위치를 재정립하고 다양한 종교와의 대화, 갈라져 나간 형제들과의 화해와 일치 등 상당히 파격적인 행보를 보였습니다. 또한 내부적으로는 교회의 쇄신을 위한 '원천으로의 회귀'라는 기치를 내걸었는데, 여기서 말하는 원천은 신앙의 원천으로써 '성경'과 '교부들'을 일컫습니다.

특히 이런 교회의 흐름에 영향을 미친 것은 '누벨 테올로지nouvelle theologie(새로운 신학)'라는 운동이었습니다. 이는 1930년대부터 1950년대 사이에 프랑스 중부의 리옹의 예수회 신학 대학을 중심으로 교부들에 관해 연구하던 예수회 소속 앙리 드 뤼박, 장 다니엘루J. Daniélou, 한스 우르스 폰 발타사르H. U. von Balthasar에 의해 주도되었습니다. 그들은 신학을 쇄신하려면 교부들의 가르침으로 돌아가야 한다고 했습니다. 그리하여 교부 시대를 풍미했던 교부들이 쓴 작품들을 발굴하고 현대 프랑스어로 번역해서 〈그리스도교 신앙 원천〉이라는 총서를 만들어 발표했습니다. 그리고 교부들의 사상을 연구해서 〈교부신학총서〉라는 시리즈도 만들어 교부들의 가르침을 새롭게 소개하고 이를 바탕으로 교회 쇄신에 일조했습니다. 그들은 한때 오해를 받아 약 10년간 유배 아닌 유배 시기를 보내기도 했지만, 포기하지 않고 교부들의 사상을 비롯해 현대의 여러 종교와 사상, 문화의 흐름을 공부함으로써 교회가 보다 폭넓은 구원에 대한 비전을 갖고 있음을 제시했습니다.

결국, 1958년 요한 23세 성인 교황은 그로부터 몇 년 후 제2차 바티칸 공의회를 소집했습니다. 그리고 앙리 드 뤼박, 한스 우르스 폰 발타사르, 장 다니엘루를 공의회의 자문 신학자로 임명함으로써 그들이 해 온 연구가 공의회에 온전히 반영되도록 했습니다. 이렇게 교부들의 가르침과 영성은 오늘의 교회를 쇄신하게 해 준 원동력이 되었습니다.

모든 학문과 지식이 모인 곳, 알렉산드리아

오리게네스를 찾아 역사를 거슬러 올라다가 보면, 교부 시대를 주름잡았던 여러 교부 그룹과 마주치게 됩니다. 소아시아 지방의 안티오키아를 중심으로 활동했던 '안티오키아 학파', 북아프리카의 알렉산드리아라는 도시를 중심으로 활동했던 '알렉산드리아 학파', 팔레스티나 지방의 카이사리아를 중심으로 활동했던 '카이사리아 학파', 로마를 중심으로 활동했던 '로마 학파' 그리고 북아프리카를 중심으로 활동했던 '아프리카 학파'가 그렇습니다.

그중에서도 그 이후 시대에 영성적인 차원에서 지대한 영향을 미치게 될 그룹은 '알렉산드리아 학파'입니다. 이 학파를 주도했던 인물이 바로 오리게네스입니다.

오리게네스가 초창기에 활동했던 알렉산드리아는 현재에도 존재하는 도시로서 고대 로마 제국 시기에는 북아프리카의 주요 도시였습니다. 그는 초창기에 이곳에서 활동했습니다. 3~4세기에 이 도시는 모든 면에서 그리스도교가 꽃을 핀 곳이었습니다. 즉, 그 시대의 성경, 신학, 영성이 모두 이곳에서 크게 발전했습니다. 이러한 그리스도교 운동 현상을 '알렉산드리아 학파'라고 부릅니다. 그러나 학파라는 학문적인 용어보다는 알렉산드리아 문화라고 하는 표현도 좋지 않을까 싶습니다. 이 표현은 그 그룹에 보다 총체적으로 접근하게 해 주어 더욱 효과적으로 이해할 수 있도록 도와주기 때문입니다.

이 문화권에 속한 교부들로는 알렉산드리아의 클레멘스, 오리게네스, 아타나시오, 에우세비오, 소경 디디모, 알렉산드리아의 치릴로, 카파도키아의 세 교부로 불리는 바실리오, 니사의 그레고리오, 나지안조의 그레고리오 등이 있습니다. 카파도키아의 세 교부는 비록 지리적으로는 먼 거리에서 활동했지만 신학적인 경향은 이 그룹에 속해 있습니다. 이 그룹을 대표하는 오리게네스는 교회 내에서 처음으로 조직적이고 방대한 규모의 신학을 발전시켰으며 교회 내에서 '영성'을 본격적으로 언급하기 시작한 교부로 손꼽힙니다. 오리게네스의 영향을 받은 알렉산드리아 학파는 이후 교회 내에서 영성사에 커다란 영향을 주었습니다.

신토불이身土不二라는 말이 있듯이, 사상은 장소와 긴밀한 연관성을 갖고 있습니다. 따라서 알렉산드리아를 보면 그 학파의 대체적인 윤곽을 어림짐작할 수 있습니다. 우선 알렉산드리아는 그 도시 자체가 알렉산드로스 대왕의 이름을 따서 지었을 정도로 지극히 그리스적인 곳이었습니다. 게다가 그리스의 수도인 아테네보다 훨씬 더 번성한 도시였지요. 로마 제국 이전에 지중해를 지배하던 그리스 왕국 시절의 바로 그 아테네보다도 말입니다. 따라서 지리적으로는 북아프리카에 속했지만 문화적으로는 철저히 그리스적인 배경을 바탕으로 하고 있는 도시가 바로 알렉산드리아입니다.

문화적인 배경이 그렇다는 말은 함축적인 메시지를 담고 있습니다. 거기에는 모든 그리스적인 요소가 깔려 있다는 말이기도 합니다. 예컨대 그리스인들의 정신을 지배하던 다양한 철학과 신화도 배경에 깔려 있다는 말입니다. 그중에서도 당시 그리스 사상을 대표하는 플라톤 철학이 번성하였고, 이는 초기 그리스도교 사상가들에게 많은 영향을 미쳤습니다. 플라톤 철학은 특히 알렉산드리아 학파 교부들의 사상적인 특징을 이루는 중요한 요소입니다. 이 점에 대해서는 이후에 자세히 살펴보겠습니다.

또한 이 지역에는 많은 유다인들이 이민해서 살고 있었습니다. 유다인들은 이민족의 침탈과 박해로 인해 고향인 팔레스티나 지방을 떠나 로마 제국 곳곳에 흩어져서 살았습니다. 그들을 '디아스포라'라고 부릅니다. 그런데 로마 제국 당시 이런 유다인들이 가장 많이 이주해 살았던 지역이 바로 알렉산드리아였습니다. 상업이 번창하고 그래서 돈이 많이 모이던 곳, 다양한 사상과 종교들에게 관용적이었던 이 도시는 고향을 등진 유다인들이 자신들의 신앙을 유지하며 뿌리내리기에 아주 적합했습니다.

역사적인 기록에 따르면, 유다인들은 예수 그리스도께서 탄생하시기 훨씬 이전부터 이곳에 이주해 살았다고 합니다. 유다인들의 종교와 문화를 전체적으로 '유다이즘'이라고 부르는데, 유다이즘은 알렉산드리아에서 일정한 정치적 자주성을 보장받는 가운데 융성하게 꽃피웠습니다.

우선, 알렉산드리아에서 유다인들의 히브리 성경을 당시 통용되던 그리스어로 번역했습니다. 통상 이 성경을 70명의 랍비(유대교에서 율법 교사들을 이르는 경칭 — 편집자 주)들이 모여 번역했다 해서 《70인역*Septuaginta*》(셉투아진타) 성경이라 부릅니다. 또한, 알렉산드리아에는 언어학적, 문법적인 기법을 중시하고 이를 학문 연구에 적용하는 전통이 있었습니다. 뒤에서 자세히 살펴볼 '우의적인 해석 방법'도 여기에 속합니다. 그리고 이를 통해 성경 주해가 발달하는 토대가 마련되었습니다.

알렉산드리아에는 필론Philon이라는 위대한 유다인 랍비가 살았습니다. 그는 플라톤 철학을 도구로 사용하여 성경을 해석했습니다. 이러한 성경 해석 방법이 바로 '우의적인 성경 해석'입니다. 필론은 성경에는 세 가지 의미, 즉 문자적 의미, 윤리적 의미, 신비적 의미가 있다고 보았으며, 이를 바탕으로 성경 본문에 담긴 풍부하고 심오한 의미를 소개했습니다. 이러한 그의 성경 주해 방법은 훗날 이 지역을 바탕으로 활동하는 교부들, 특히 오리게네스에게 지대한 영향을 미치게 됩니다.

알렉산드리아의 문화 가운데에서도 철학은 아주 중요한 요소였습니다. 당시 이곳을 지배하던 주류 철학은 플라톤 철학과 신플라톤 철학이었습니다. 또한 이 도시에는 당대 최고로 손꼽히는 도서관과 박물관이 있었으며, 여기에는 세계 각지에서 수집한 엄청난 분량의 책들이 보관되어 있었다고 합니다. 이런저런 정성을 들여 모은 책은 큰 성과를 거둬, 이 도서관과 박물관은 결국 설립된 지 60년 만에 타의 추종을 불허하는 당대 최고의 지식과 학문을 연구, 육성하는 문화의 중심지 역할을 톡톡히 했습니다. 알렉산드리아 학파 교부들의 사상과 영성이 꽃피게 된 데에는 이런 알렉산드리아의 학문적 풍부함이 그 배경에 자리하고 있었습니다.

그렇다면 이런 다양한 문화적 색채를 지닌 도시에 어떻게 그리스도교 신앙이 유입될 수 있었을까요? 학자들의 연구에 따르면, 당시 알렉산드리아에 들어온 그리스도교는 다른 여러 종교 가운데 하나로 소개되었으며 특히 '그리스도교적인 영지주의'의 형태를 띠었다고 합니다. 초세기 교회에 많은 어려움을 준 이단 중 하나가 바로 '영지주의'입니다. 영지주의자들은 유다교 전통보다는 그리스 사상의 관점에서 그리스도교를 이해하려고 했습니다. 그들은 영적인 것은 선하고 육체와 물질은 악하다는 극단적 이원론에 근거해서 구약의 창조주 하느님을 물질을 만든 저급한 신으로 보았습니다. 그들은 구약과 신약의 단절성을 과도하게 강조했으며 그리스도의 인성人性을 폄하하고 신성神性만을 강조했습니다. 이것은 훗날 소위 말하는 '가현설'이라는 학설에 영향을 주기도 했습니다.

가현설을 믿는 사람들은 그리스도께서 덧입은 육체는 그렇게 보였을 뿐, 실제로 인간의 육신을 입은 것이 아니라고 주장했습니다. 또한 육체를 영혼의 감옥으로 이해했기 때문에 영혼을 가두고 있는 육체를 제어하고 영혼을 육체로부터 해방시키기 위해 과도한 금욕을 실천했습니다. 그들은 구원에 이르게 하는 비밀스러운 지식을 추구하면서 예수님을 그 지식을 전해 주는 중개자로 보았습니

다. 이러한 영지주의는 어떤 통일된 조직적인 운동이 아니라 지역과 지도자들에 따라 다양한 양상을 띠는 종교적인 혼합주의였습니다. 이처럼 그리스도교 신앙은 일종의 영지주의의 형태를 띠고 알렉산드리아로 흘러들어 왔습니다.

그러나 이와 동시에 알렉산드리아에는 비록 소수이긴 했지만, 복음 전파를 통해 꽃피워진 정통 그리스도교 신자들도 있었습니다. 그래서 이런 영지주의적인 색채를 띤 그리스도교에 대해 잘 알고 있던 오리게네스와 아나스타시오 교부 같은 경우는 그 상황을 인지하는 가운데, 영지주의자들과는 대조되는 '참된 정통적인 영지주의'로서의 그리스도교를 소개했습니다. 그들은 이교도적인 영지주의로부터 참된 그리스도교적인 영지주의를 분리하여 제시함으로써, 이교도적인 문화가 팽배해 있던 환경에 정통 그리스도교를 전하려고 한 것입니다. 이를 오늘날의 용어로 표현하자면, 그리스 문화권 내에서 이루어진 일종의 토착화(복음이 거부당하지 않고 효과적으로 전해질 수 있도록 그 문화와 교류를 모색하기 위한 과정 — 편집자 주) 작업이라고 할 수 있습니다.

다시 말해서, 그들은 영지주의적인 면을 간직하면서도 그리스도교의 핵심을 담아서 표현하고자 했던 겁니다. 당시 상황을 고려했을 때, 신앙을 소개하기 위해서는 철학적인 언어를 빌려 표현하는 것이 효과적이었기 때문입니다. 그러면서도 이 토착화 작업에서 결코 성경을 배제하지 않았으며, 오히려 그 중심에 성경이 자리하고 있었습니다.

이러한 작업은 알렉산드리아 교회 신자들에 의해 이루어졌는데, 특히 이 작업의 선두에 섰던 인물이 바로 오리게네스입니다. 오리게네스는 그리스 철학과의 체계적인 교류와 대화를 통해 영지주의적인 색채를 띤 그리스도교의 내용을 체로 거르듯 필터링해서 그리스도교 신앙의 진리에 부합하지 않는 것을 배제하고 부합하는 것만을 받아들였습니다. 그리고 이를 통해 올바른 그리스도교 영성을 심화했습니다. 이러한 오리게네스의 작업은 후대 신학자들에 의해 비판을 받기도 합니다. 당시 그리스 사상이 그리스도교에 많이 유입되는 바람에 그 순수성이 희석되었다는 이유에서 그렇습니다. 그렇지만 당대의 여러 사상과 종교를 바탕으로 그리스도교의 진리를 재해석해서 전하고 보다 광범위하게 체계를 잡으려 한 그의 노력은 높이 살 만하며, 그 작업의 범위나 깊이는 타의 추종을 불허합니다. 당시까지 오리게네스처럼 체계적인 작업을 한 그리스도교 학자는 없었습니다. 그리고 그 이후로도 그 경지에 이르는 학자는 손에 꼽을 정도입니다.

지금까지 알렉산드리아 학파의 배경에 대해 간략하게 소개했습니다. 학계에서는 통상 클레멘스를 이 학파의 시조라 부릅니다. 그러나 클레멘스는 주교도 아니었고 단순히 자기 집에서 교리와 철학을 가르친 개인 교사였습니다. 반면, 오리게네스는 교회로부터 공적으로 부름을 받아 교리 학교에서 가르쳤습니다. 판테노, 클레멘스, 오리게네스 가운데 유일하게 오리게네스만이 공식적으로 교회에서 교리를 가르쳤습니다. 다시 말해, 오리게네스를 통해서 본격적으로 알렉산드리아 학파가 형성되었다고 말할 수 있습니다.

오리게네스는 성경 주해를 자신의 신학과 영성의 출발점으로 삼았는데, 이러한 성경 주해 방법은 훗날 제자들을 통해 로마 제국 전역으로 퍼져 나갔습니다. 그러므로 오리게네스의 신학, 영성적인 전망은 3~4세기 그리스도교 문화를 이해하게 해 주는 핵심 코드라고 할 수 있습니다.

게다가 오리게네스는 알렉산드리아에만 머무르지 않았습니다. 그는 알렉산드리아 교회에서 추방되어 팔레스티나 지방으로 옮겨 가 그곳에서 본격적으로 신학 연구에 몰두하게 됩니다. 카이사리아의 주교였던 친구가 학문 활동을 할 수 있도록 그곳에 보금자리를 마련해 주었기 때문이지요. 당시 오리게네스의 문하에는 수많은 제자들이 모여들어 가르침을 전수받으며 함께 많은 작업을 수행했습니다. 제자 가운데 일부가 지금의 터키 중부 지방인 카파도키아 지역을 복음화함으로써 이 지역에서도 오리게네스의 신학과 영성이 꽃피게 됩니다.

이런 전체적인 발전 과정을 보았을 때, 알렉산드리아 학파는 단지 하나의 도시에 국한된 신학이 아니라 3~4세기 당시 문화 전체에 퍼진 보편적인 현상이었다고 하겠습니다.

살펴보기

《70인역 *Septuaginta*》 성경

유다인들의 히브리어 성경을 그리스어로 번역한 이 성경 작업은 이집트의 알렉산드리아에서 기원전 3세기부터 시작되었습니다. 전승에 의하면 당시 예루살렘 대제사장이 이집트 임금인 필라델포스의 요청으로 번역자 72명을 알렉산드리아에 보냈다고 합니다. 열두 지파에서 6명씩 선정해서 72명을 보낸 것입니다. 《70인역》이라는 명칭은 바로 이 전승에 근거합니다. 이 성경의 번역은 오랜 시일에 걸쳐 이루어졌으며, 결국 기원전 1세기에 완성되어 널리 사용되었습니다. 《70인역》 성경은 초대 교회에서 상당히 중요했습니다. 초대 교회에서 사용된 성경이자 신약 성경의 저자들이 구약 성경을 인용할 때 사용했던 성경이기 때문입니다. 또한 이 성경은 405년에 예로니모 성인이 히브리어(구약), 그리스어(신약) 성경을 라틴어로 번역한 《불가타》 성경이 등장하기 전까지 교회의 공식적인 성경으로 자리매김했으며 모든 교부들이 자신의 신학과 영성을 발전시키는 데 있어 가장 근본적인 원천 자료가 되었습니다.

"당신의 사랑은 포도주보다 달콤하답니다."(아가 1,2)

"이 표현은 완전한 영혼, 하느님의 말씀과 연관 지어야 한다. 우리는 이와 관련해서 다음과 같이 말할 수 있다. 즉, 사람이 미숙한 상태로 남아 있고 아직 하느님께 자신을 온전히 봉헌하지 못하는 한, 그는 자신 안에 있는 밭에서 만들어진 포도주를 마신다. 이 역시 밭에 숨겨진 보물이다. 그러나 하느님께 자신을 온전히 바치고 봉헌함으로써 나지르인이 된 후, 숨겨진 보물을 발견한 다음에는 하느님의 말씀이라는 젖과 샘에 이르게 된다. 그러면 그는 더 이상 포도주나 발효된 술을 마시지 않고 바로 그 밭 속에 숨겨진 지혜와 지식의 보물을 하느님의 말씀께 청할 것이다. 그래서 이렇게 말한다. 당신의 젖은 포도주보다 달콤하답니다."(오리게네스의 《아가 주해》 제1권)

2. 영성은 삶으로 드러난다[2]

독실한 가정 환경

오리게네스라는 교부는 어떤 인물일까요? 이 역사적인 인물을 이해하는 데 도움을 주는 역사 자료들은 다음과 같습니다. 우선 그의 제자인 기적자 그레고리오 성인이 카이사리아에서 학업을 마치고 떠나며 집필한 《오리게네스 찬양 연설》은 오리게네스의 신학적·영성적인 체계를 이해하는 데 도움을 줍니다. 그리고 카이사리아의 팜필로 성인이 쓴 《오리게네스를 변호함》, 역사가 에우세비우스가 쓴 《교회사》 제6권, 예로니모 성인의 《명인록》과 《서간집》 등이 오리게네스의 생애에 대한 다양한 정보를 제공해 줍니다.

오리게네스는 기원후 185년 알렉산드리아의 어느 독실

---

[2] 참조: 오리게네스, 이성효·이형우·최원오·하성수 해제·역주, 《원리론》, 아카넷, 2014, 11-84.

한 그리스도교 신자 가정에서 7남매 중 장남으로 태어났습니다. 그는 이 가정에서 어린 시절부터 좋은 신앙 교육을 받으며 자랐습니다. 특히, 아버지로부터 헬레니즘 교육을 받았으며 성경도 함께 배웠습니다. 그러나 안타깝게도 아버지인 레오니데 성인은 로마 제국의 세베루스 황제 통치 시절 박해가 한창이던 202년에 순교했습니다. 아버지가 체포되었을 당시 오리게네스는 아버지에게 다음과 같이 편지를 써 보내며 박해의 고통 앞에서 굳은 신앙을 지키도록 격려했다고 합니다.

"저희 때문에 아버님 심경에 변화가 일어나지 않도록 마음을 추스르십시오."

그리고 신앙을 증거하며 장렬하게 순교한 아버지를 보며, 오리게네스 역시 순교의 열망을 불태웠다고 합니다. 그러나 그의 어머니는 그런 아들이 순교하러 집 밖에 나가지 못하도록 옷을 숨기며 끝까지 보호했습니다. 오리게네스의 어머니는 이름조차 알려지지 않았는데, 학자들은 다양한 근거를 들어 어머니가 이집트인일 가능성에 무게를 두고 있습니다.

학문으로 쌓은 영성

아버지가 순교한 뒤 오리게네스 가족의 재산은 국고로 환수되어 집안이 몰락하게 됩니다. 하지만 오리게네스는 어느 부유한 여성 신자의 도움으로 몇 달간 그녀의 집에 머물면서 학업을 계속할 수 있었습니다. 이 시기에 오리게네스는 문법과 문학을 가르칠 수 있는 자격을 갖추었고, 아버지의 뒤를 이어 가장 노릇을 하며 가족을 부양해야 했습니다. 그래서 당시 학문의 기초인 문법을 언어적·문학적 방식으로 가르쳤습니다. 박해로 인해 교리 교육을 책임졌던 사람들이 모두 알렉산드리아를 떠나 피신한 상태였기 때문에, 그리스도교 신앙에 관해 배우려는 이교인들은 모두 오리게네스의 강의를 듣고자 했습니다. 교회 역사가 에우세비우스에 따르면, 당시 오리게네스의 제자 중에 플루타르코 성인이 있는데, 그는 곧바로 순교자가 되었으며, 그의 형제인 헤라클라 성인은 이후 오리게네스의 협력자이자 후임자가 되었고, 훗날 알렉산드리아의 주교가 되었다고 합니다.

교사로서 활동하며 오리게네스의 학식과 인품이 알렉산드리아에 널리 퍼지자, 212년부터 215년 사이에 알렉산드리아의 주교는 교회의 교리 학교를 오리게네스에게 일임했습니다. 이에 오리게네스는 문법 강의를 그만두고 교리 교육에 온 힘을 기울였으며, 성경 연구에 더 많은 시간을 할애하기 위해 강의를 다음의 두 개의 과정으로 나누게 됩니다.

① 세례받는 이들을 위한 강좌(기초 과정)
② 이교인들을 위한 강좌(보편 과정)

이 시기에 오리게네스는 자신이 갖고 있던 문법과 관련된 모든 수사본을 다 팔았다고 합니다. 이렇게 책을 판 행위는 세속 학문 연구를 완전히 포기했음을 의미합니다. 책을 판 뒤 여러 해 동안 매우 엄격한 생활을 하며 많은 사람들에게 금욕 생활의 본보기가 되었던 오리게네스는 낮에는 힘든 노동을 하고 밤에는 성경을 연구했으며, 자주 금식을 하고 맨바닥에서 잠을 자곤 했습니다. 그뿐만 아니라 복음에 나온 예수님의 가르침을 반드시 지켜야 한다며 옷을 한 벌 이상 지니지 않았고 맨발로 다녔으며, 목숨을 유지하는 데 필요하지 않으면 음식도 먹지 않았습니다. 그리고 이 시기에 "하늘나라 때문에 스스로 고자가 된 이들도 있다."라는 마태오 복음서 19장 12절을 문자 그대로 이해해서 스스로 고자가 되는 외과 수술을 받았다고 합니다. 그러나 오늘날 이에 관한 학계의 연구에 따르면, 오리게네스의 거세 사건을 전하는 문헌들이 사실을 전하고 있는지 확신할 수 없다고 합니다. 오리게네스를 시기 질투하는 반대파 사람들이 그의 명예를 실추하기 위해 이러한 모함을 했을 가능성도 크고요.

플라톤 철학을 녹여 내다

신학에 전념하기 위해 세속 학문과 관련된 책을 모두 팔고 나서 얼마 후, 오리게네스는 세속적 학문과 철학을 연구하는 것이 성경 해석과 선교 활동에 매우 중요하다는 점을 깨닫게 됩니다. 신앙의 진리를 이교인들에게 전해 주려면 그들의 철학과 사고방식을 이해해야 하고, 그들이 이해할 수 있는 언어와 사고방식에 맞게 이를 잘 포장해서 전할 수 있어야 하기 때문입니다. 그래서 그는 그때부터 이교인들의 철학, 특히 플라톤 철학을 비롯해 새롭게 떠오르던 신플라톤 철학을 심도 있게 공부하게 됩니다. 특히 당시 신플라톤 철학의 대가로 손꼽히는 암모니오스 사카스의 강의를 들으며 그 분야에 대한 식견을 넓혀 갔습니다.

오리게네스가 교리를 가르칠 당시, 알렉산드리아에서는 여러 총독 치하에서 지속적으로 박해가 일어났습니다. 오리게네스의 제자인 플루타르코 성인이 이러한 박해로 순교하기도 했습니다. 오리게네스는 플루타르코 성인이 형장에 끌려갈 때 마지막 순간까지 그와 함께 있었습니다. 기록에 따르면, 성난 군중은 오리게네스를 돌로 쳐 죽이려고 위협하기도 했다고 합니다. 이처럼 오리게네스는 교리 교육 교사로 자신의 의무를 수행하는 동안 지명 수배자와 같은 삶을 살아야 했습니다.

말과 글로 영성을 전하다

오리게네스가 방대한 작품들을 집필하기 시작한 것은 비교적 늦은 시기인 215년부터 220년 사이로 추정됩니다. 그가 본격적인 집필을 하게 된 계기는 증거자 암브로시오라는 성인의 개종과 연관됩니다. 그는 부유한 사람으로 당시 이단인 발렌티누스파를 추종하고 있었습니다. 그러나 오리게네스의 가르침으로 인해 이단을 버리고 정통 그리스도교 신앙을 받아들였고, 오리게네스를 위해 비서진을 마련해 주었습니다. 즉, 그가 구술口述하는 것을 교대로 받아 적을 속기사 7명과 필경사들, 달필가들로 구성된 사무실을 꾸려 주었고, 여기에 더해 오리게네스가 자신의 재산을 마음대로 쓸 수 있게 해 주었습니다. 이로써 오리게네스의 본격적인 저술 활동이 시작되었습니다.

역사가 에우세비우스에 따르면, 오리게네스는 212년경 로마를 방문해서 잠시 체류했으며 이때 로마 최고의 신학자인 히폴리토 성인의 강의를 들었다고 합니다. 215년 오리게네스는 지금의 요르단인 아라비아의 로마 총독의 요청에 따라 그리스도교에 대해 가르치기 위해 아라비아 지방의 보스트라로 여행을 떠나기도 했습니다. 그러나 그 후 고향에 돌아왔을 때, 당시 로마 황제가 자신을 비난했던 알렉산드리아를 약탈하면서 그곳 시민들을 학살하고 학교를 폐쇄하거나 교사들을 추방하는 사건을 경험하게 됩니다. 그리하여 몰래 도시를 떠나 팔레스티나 지역의 카이사리아로 피신했습니다.

그 시절 교회 내에서 오리게네스는 아직 서품을 받지

않은 평신도였지만, 이미 그의 고매한 학식과 인품을 알고 있던 그 지역의 주교들은 오리게네스에게 성경에 대한 강의를 부탁했으며, 그 후로도 종종 그를 초대해서 강의를 부탁했습니다. 그러나 알렉산드리아의 주교였던 데메트리오 성인은 평신도가 주교들을 가르친다며 상당히 불쾌히 여겼습니다. 이는 훗날 오리게네스를 추방하는 빌미 중 하나로 작용했지요. 결국, 오리게네스는 주교에게 순명하며 고향으로 돌아올 수밖에 없었습니다.

하느님 섭리에 의탁하다

그 일이 있은 지 15년 후, 오리게네스는 데메트리오 성인의 명을 받고 아테네에 가서 어느 이단자와 토론을 하게 되었습니다. 그는 이 기회에 친구 주교들을 만나기 위해 팔레스티나 지방의 카이사리아에 들렀습니다. 거기서 예루살렘의 주교와 카이사리아의 대주교를 만났는데, 카이사리아의 대주교인 테오테크누스가 예루살렘 주교의

동의를 얻어 오리게네스에게 사제품을 주게 됩니다. 오리게네스가 교회 내에서 존경과 영예를 받을 자격이 있다고 보았기 때문입니다. 또한 이들은 오리게네스가 서품을 받음으로써 아테네에서 있을 이단자들과의 논쟁에서 좀 더 권위 있게 임할 수 있을 것으로 보았습니다.

그러나 이는 결과적으로 화근이 되고 말았습니다. 알렉산드리아의 주교 데메트리오 성인은 이 일로 크게 격분해서 230년 이집트의 주교들과 사제들이 참석하는 교회 회의를 소집하여 오리게네스를 단죄했으며, 오리게네스가 알렉산드리아 교회에서 가르치는 것을 금했습니다. 이듬해인 231년 데메트리오 성인이 임종하고 후계자인 헤라클라 성인이 주교로 착좌하게 되었습니다. 그러나 그는 오리게네스가 개종시키고 가르친 제자였음에도 불구하고 선임 주교의 결정을 그대로 이어 갔고, 오히려 오리게네스를 더욱 힘들게 했다고 합니다.

결국, 오리게네스는 알렉산드리아를 떠나 카이사리아로 가서 정착하게 됩니다. 이에 카이사리아의 대주교는 그를 자신의 교구로 받아들여 학문 활동에 매진할 수 있는 좋은 환경을 만들어 주었다고 합니다. 거기에 더해 사제의 고유 직무인 설교까지 할 수 있도록 배려해 주었습니다. 오히려 전화위복이 된 셈입니다.

오리게네스는 이곳에서 지난날 겪었던 어려움과 음해를 극복하고 평정을 되찾았습니다. 일찍부터 그를 도왔던 암브로시오 성인이 계속해서 그를 도와주며 그간 중단된 여러 성경 주해서들을 다시 집필할 수 있게 해 주었습니다. 그리하여 알렉산드리아보다 카이사리아에서 더 많은 학문 연구에 매진할 수 있었습니다.

교회 역사상 첫 번째 대학자

오리게네스는 이곳에서 교회 역사상 처음으로 그리스도교 문헌들을 정리했으며, 방대한 도서관이 있는 학교를 세웠습니다. 그는 일주일에 2~3회 정도 교회 공동체 앞에서 강론했으며 동시에 학교에서 강의했습니다. 이런 오리게네스의 활동을 바탕으로 집필된 작품들은 다음 세 가지로 분류됩니다.

① 학교 강의를 통한 가르침
② 강해(강론)
③ 성경 주해서

그러므로 오리게네스를 본격적인 의미에서 교부 시대를 여는 첫 번째 저술가라고 말할 수 있습니다. 학교에서는 성경 주해를 바탕으로 학생들을 가르쳤고, 사목 현장에서는 이보다는 좀 더 쉬운 형태로 신자들을 위한 성경 해설을 전했습니다. 그리고 학교에서 했던 강의 중에는 성경에서 이해하기 어려운 대목들만을 따로 뽑아 쉽게 설명하는 작품들(발췌 주해서)도 있습니다.

오리게네스의 제자 가운데에는 동방 교회에서 존경받는 성인 중 한 명인 기적자 그레고리오 성인이 있습니다. 성인이 오리게네스 아래서 5년 동안 공부한 후 떠나며 집필한 《오리게네스 찬양 연설》에는 카이사리아에서의 오리게네스의 행적이 비교적 자세히 묘사되어 있습니다. 이 작품의 둘째 부분에서 기적자 그레고리오 성인은 오리게네스의 강의에 대해 다음과 같이 전합니다. 우선, 강의는 소크라테스의 방식처럼 논리적·변증법적인 방식으로 시작됩니다. 그리고 자연 과학을 가르친 다음, 하느님의 뜻을 다뤘습니다. 더불어 4가지 기본 덕을 중심으로 윤리적인 주제들도 다뤘습니다. 여기서 오리게네스는 이론적 훈련뿐만 아니라 실천적인 훈련도 상당히 강조했다고 합니다. 오리게네스는 강의에서 말한 내용이나 정신을 몸소 실천하고자 노력했습니다. 또한, 학생들에게 모든 덕의 본보기를 소개하며 그들도 이를 따르도록 북돋웠다고 합니다.

크나우버A. Knauber라는 교부학자에 따르면, 오리게네스가 운영한 카이사리아의 학교는 일종의 선교 학교였다고 합니다. 그래서 강의는 그리스도교에 관심은 있지만 아직 세례를 받을 준비가 되지 않은 젊은 이교인들을 대상으로 이루어졌습니다. 오리게네스는 이들에게 철학을 가르치면서 그리스도교의 교의를 소개했습니다. 그리고 그들 가운데 신자가 되려는 이들에게는 좀 더 깊이 있는 교리 교육을 가르쳤습니다. 이 학교에서는 영성 생활을 강조했습니다. 그래서 이곳의 모든 강의는 영성과 관련되어 있었습니다.

기적자 그레고리오 성인의 견해에 따르면, 오리게네스는 단순히 지식을 많이 알거나 사변적인 학문을 하는 현자가 아니라 하느님의 사람이자 영혼의 안내자였습니다. 그는 하느님에게서 특별한 영적인 선물들을 받았으며, 이를 바탕으로 하느님에 관해 말했습니다. 제자들은 오리게네스를 하느님의 말씀과 성덕을 전해 주는 '대변자'이자 '전령'이며, 철학을 도덕적·종교적으로 응용한 지도자로 평가합니다.

오리게네스는 하느님의 영감을 받아 탁월하게 말씀을 해석하고 사람들의 눈높이에 맞게 이해시킬 줄 아는 능력이 있었습니다. 교부학자 노탱P. Nautin에 따르면, 오리게네스가 239~240년에 모든 미사에서, 사제로서 매일 강론을 하고 3년 주기로 읽은 모든 성경을 해석하는 과제를 맡았던 것으로 추정합니다. 오리게네스가 집필한 성경 강해 중에 현재까지 전해 오는 것은 300편 정도로 추산됩니다. 오리게네스가 성경 강해(신자들 앞에서 그날 읽어야 할 성경 구절을 해설하는 것)를 특별한 사전 준비 없이 즉석에서 할 정도로 성경에 대한 풍부한 지식을 갖추게 된 것은 60세(245년) 즈음이라고 합니다. 그때부터 오리게네스는 제자들에게 자신의 강해 내용을 직접 받아쓰게 했으며 그렇게 마련한 원고는 출판되어도 별다른 문제가 없었다고 합니다.

오리게네스는 카이사리아 시절 여러 번 여행을 했습니다. 우선, 카이사리아의 피르밀리아누스 주교의 초대로 그곳을 방문했으며 그 후 유대아를 방문하기도 했습니다. 또한 238~244년에 두 번째로 아테네를 방문하여 그곳에서 몇 달간 머물렀습니다. 이 기간에 오리게네스는 백미 중에 하나로 손꼽히는 《아가 주해》를 작성했습니다.

이뿐만 아니라 신앙을 수호하기 위한 선교 여행을 3차례나 했습니다. 첫 번째 선교 여행은 보스트라의 주교 베릴루스를 만나 그와의 논쟁을 통해 정통 신앙을 수호하기 위한 목적에서 이루어졌습니다. 베릴루스 주교는 그리스도와 관련된 이단적인 가르침(양태설, 입양설)을 주장했습니다. 보스트라 교회 회의에서 베릴루스와 토론했던 많은 주교들이 그에 대항해서 정통 신앙을 지켜 주길 바라며 오리게네스를 초대한 것입니다. 결국, 오리게네스는 보스트라에 가서 그를 설득해 정통 신앙에 동의하게 했다고 합니다. 두 번째 선교 여행은 영혼사멸파에 속하는 필리푸스라는 인물과 만나 정통 신앙을 지키기 위한 것이었습니다. 이 여행에서도 오리게네스는 적수인 필리푸스를 설득해서 그가 정통 신앙으로 돌아오게 했습니다. 세 번째 선교 여행 역시 같은 선상에서 이루어졌습니다. 이는 성부와 성자에 관해 이단적인 가르침(양태설, 입양설)을 주장한 헤라클리데스와의 논쟁을 통해 정통 신앙을 지키기 위함이었습니다. 그러나 이 논쟁이 정확히 어느 시기에 어디서 있었는지에 대해서는 문헌상으로 분명히 언급되지 않습니다.

장엄한 순교의 길

오리게네스는 로마의 데키우스 황제가 일으킨 박해로

감옥에 갇히기 전까지 카이사리아에서 학생들을 가르쳤습니다. 그는 자신의 생애에서 일어난 두 박해는 피할 수 있었지만, 249년에 일어난 데키우스 황제의 박해는 피하지 못했습니다. 오리게네스의 친구인 예루살렘의 알렉산데르 주교는 이 박해 때 카이사리아에서 붙잡혀 감옥에서 선종했습니다.

문헌에 따르면, 오리게네스는 티루스에서 붙잡혀 감옥에서 여러 차례 심한 고문을 받았다고 합니다. 당시 재판관들은 그리스도교 신자 중에 가장 저명한 인물인 오리게네스를 죽이지 않고 갖은 수를 써서 배교시키려 했습니다. 그의 배교가 다른 신자들에게 큰 영향을 미칠 것으로 보았기 때문입니다. 하지만 오리게네스는 어린 시절부터 보여 준 담대한 정신으로 이 고통을 견뎌 냈습니다. 교회 역사가 에우세비우스는 당시 오리게네스가 보여 준 영웅적인 모습을 다음과 같이 전했습니다.

"그리스도의 말씀 때문에 감옥에 감금된 오리게네스는 감옥 제일 밑바닥에서 족쇄에 묶여 온몸에 고문을 당하는 등 얼마나 잔혹하고 수많은 형벌을 당해야 했던가! 여러

날 동안 그의 발은 형틀에 묶여 있었으며, 태워 죽이겠다는 협박을 받았다. 그러나 그는 원수들이 자기에게 자행하는 그 밖의 다른 모든 형벌도 용감하게 견디어 냈다. 한편, 재판관은 자기의 재량권을 다 동원하여 오리게네스의 목숨만은 구하려 하였다. 그 후 그는 위안을 필요로 하는 사람들에게 요긴한 글을 많이 남겼는데, 그가 써 보낸 많은 편지들은 이 모든 사실이 참되고 명확하다는 것을 입증해 주고 있다."[3]

이 박해는 251년 데키우스 황제가 죽으면서 끝나게 됩니다. 오리게네스는 황제의 서거 후 석방되었으며, 그가 배교하지 않았다는 사실은 석방 후 여러 지인들에게 쓴 위로의 편지를 통해 잘 알 수 있습니다. 그러나 고문의 후유증으로 인해 오리게네스는 그리 오래 살지 못했습니다. 결국 253년 티루스에서 69세의 나이로 세상을 떠난 것입니다.

전승에 따르면, 오리게네스는 티루스의 성모대성당 벽 뒤에 안장되었다고 합니다. 그러나 이 성당은 오리게네스

---

3 에우세비우스, 《교회사》 6,39,5.

가 활동할 당시에는 존재하지 않았으며, 그의 시신이 처음 묻힌 곳도 아닙니다. 아마도, 그의 시신이 처음 묻힌 곳은 카이사리아의 대성당이 아닐까 합니다. 그곳은 에우세비우스가 티루스의 성전 봉헌식 때 했던 유명한 강론에서 언급되고 있는 곳이지요.

오리게네스는 지극히 교회의 신앙에 충실한 사람이었고 교회 안에서 선종했습니다. 역사 안에서 오리게네스에 대한 단죄는 없었습니다. 그의 삶에 대해서도 마찬가지입니다. 사실, 오리게네스의 삶 전체는 신학적·영성적인 가르침과 따로 분리해서 생각할 수 없습니다. 오리게네스가 집필한 방대한 작품들은 그의 깊은 영성적인 체험에서 비롯되었기 때문입니다.

사후에 제자들 가운데 일부가 단죄되고, 후대의 관점에서 볼 때 가르침 중에 일부 부족한 부분이 있다는 이유로 오리게네스는 오랫동안 잊혔습니다. 그러나 현대로 들어와 1900년대 중반, 오리게네스에 대한 연구가 활발해지면서 학계에서는 그를 위대한 영성가이자 불세출의 신학자이며 성경 주해가, 신비가로 재발견했습니다. 이제 오리게네스는 아우구스티노 성인과 함께 초기 그리스도교에서 위대한 학자이자 영성가로 평가받고 있습니다.

살펴보기

영성이 담긴 오리게네스의 저작들[4]

오리게네스는 생전에 약 2,000권 정도의 작품을 집필했다고 합니다. 초기 그리스도교에서 아우구스티노 성인을 제외한다면 그의 저술 활동에 비견될 인물은 아마도 없을 것입니다. 여기서는 크게 6가지 분야로 오리게네스의 작품을 구분하고 해당 분야의 주요 작품만을 소개하겠습니다.

구약 성경 본문 비판본

• 《육중역본六重譯本》: 교회 최초의 구약 성경 본문 비판본입니다. 오리게네스는 성경 구절들을 히브리어 원문, 히브리어 원문 발음의 그리스어 표기, 《아퀼라의 그리스어 역본》, 《심마쿠스의 그리스어 역본》, 《70인역》,

---

4 참조: 배승록, 《교부와 교회》, 대전가톨릭대학교출판부, 2005, 404-413.

《테오도티온의 그리스어 개정 번역본》 이렇게 6개의 번역본에 따라 함께 배열했습니다. 한마디로, 이 작품은 성경 구절들을 동시에 보게 해 주는 공관적共觀的 형태의 성경입니다. 오리게네스는 여러 가지 성경 본문을 함께 비교해 가면서 성경 주해서를 만들었습니다. 그리하여 각각의 성경 본문 간에 드러나는 차이를 통해 각 구절이 담고 있는 다양한 의미를 이끌어 냈습니다. 엄청난 노력과 인내가 필요했던 이 작품은 체계적인 성경 연구를 위한 역사상 최초의 성경 본문 비판본이라는 점에서 상당한 가치가 있습니다.

성경 주해 작품

• 발췌 주해(스콜리아): '스콜리아Scholia'는 성경 중에서 중요한 대목을 발췌하여 해설한 것입니다. 오리게네스는 탈출기, 레위기, 민수기, 이사야서, 시편 1~15편, 집회서, 요한 복음서에 관한 발췌 주해서를 집필했습니다. 그러나 상당수의 원본들은 유실되어 온전히 전해지

지 않고, 몇 개의 단편만이 바실리오 성인과 나지안조의 그레고리오 성인이 편집한 《필로칼리아》와 6세기 이후의 성경 선집인 《카테네》에 담겨 있습니다.

- 강해(또는 강론): 이는 오리게네스가 전례 중 성경에 관해 강론한 것들을 말합니다. 오리게네스는 거의 매일 강론한 것으로 전해집니다. 따라서 신·구약의 전반적인 내용을 강론으로 소개했다고 추정됩니다. 우리에게 지금 전해지는 것으로는 그리스어로 된 예레미야서 강론 20개, 사무엘기 상권 28장 3절에서 25절에 관한 강론 1개, 루카 복음서 제35강론, 마태오 복음서 제25강론이 있습니다. 4세기 중반의 오리게네스주의자인 루피누스는 다음의 강론들을 라틴어로 번역했습니다. 즉 창세기 강론 16개, 탈출기 강론 25개, 레위기 강론 16개, 민수기 강론 28개, 여호수아기 강론 25개, 유딧기 강론 16개, 시편 강론 9개가 전해 옵니다. 그리고 예로니모 성인이 라틴어로 번역한 다음 강론들도 전해 옵니다. 즉 아가 강론 2개, 이사야서 강론 9개, 에제키엘서 강론 14개, 루카 복음서 강론 39개가 전해 옵니다. 이 밖에도 힐라리

오 성인이 라틴어로 번역한 욥기에 관한 제25강론 등 다양한 강론이 라틴어로 번역되어 전해 옵니다. 또한 성경 선집인 《카테네》에는 오리게네스의 수많은 강론 단편들이 담겨 있습니다. 오리게네스가 쓴 강론 474개 중에서 46개만 그리스어 원문으로 전해 옵니다.

• 주해서: 오리게네스는 다양한 성경 주해서들을 통해 학문적인 주해, 즉 성경 본문에 대한 철학적, 본문 비판적, 역사학적, 신학적 설명을 제시했습니다. 그리고 이를 위해 우의적인 성경 주해 방법을 활용했습니다. 오리게네스는 많은 주해서들을 집필했지만, 대부분은 소실되어 전해지지 않으며 《마태오 복음 주해》, 《요한 복음 주해》, 《로마서 주해》, 《아가 주해》 4권만이 전해 옵니다. 나머지 주해서들에 대한 내용은 《카테네》에 단편적으로 인용되어 있을 뿐입니다. 291권에 달하는 오리게네스의 성경 주해서들 가운데 그리스어 원문 275권은 소실되었고, 라틴어본으로 남은 것조차 얼마 되지 않습니다.

호교론적인 작품

• 《켈수스 반박》: 오리게네스의 가장 유명한 호교護教 작품으로 총 8권으로 구성되어 있습니다. 이교도 철학자인 켈수스는 그리스도교를 비난하기 위해 《진언眞言》이라는 작품을 썼습니다. 이에 조목조목 반박하기 위해 오리게네스는 246년에 친구 암브로시오 성인의 부탁을 받아 차분한 어조로 박해의 부당성과 그리스도교의 우월함을 이야기했습니다.

교의적인 작품

• 《원리론》: 오리게네스의 작품 가운데 최고 걸작으로 가장 오래된 신학 교과서라고 할 수 있습니다. 하느님, 세상, 자유 의지, 계시를 다루는 총 4권으로 구성된 이 작품은 오리게네스의 독창적인 사상을 폭넓게 담고 있습니다. 그러나 영혼의 선재 사상, 지옥은 임시적이며 지옥에 떨어진 이들 역시 거기서 회심할 수 있다고 본

견해 등은 후대에 오리게네스주의 논쟁의 불씨가 되기도 했습니다.

• 《헤라클리데스와의 논쟁》: 이 작품의 본래 제목은 《헤라클리데스와 그의 주교들과 함께한 오리게네스의 논쟁》입니다. 오리게네스가 245년에 아라비아의 어느 교회에서 헤라클리데스와 동료 주교들 그리고 신자들 앞에서 실제로 있었던 신학 토론을 속기 형식으로 기록한 것입니다. 문제의 발단은 헤라클리데스가 주장한 삼위일체론 교리에 동료 주교들이 의문을 제기한 데 있습니다. 작품의 내용은 이에 대한 양측의 토론으로, 오리게네스가 토론을 통해 드러난 문제점들을 신학자로서의 권위를 갖고 대답해 주는 형식으로 되어 있습니다.

• 《양탄자》: 이 작품의 제목은 여러 주제의 다른 글들을 한데 모아 엮은 책을 지칭하던 당시의 관습에서 온 것입니다. 오리게네스는 이 작품을 통해 그리스도교 교리와 플라톤, 아리스토텔레스 등 고대 철학의 가르침을 비교하면서 그리스도교의 우월성을 부각시켰습니다.

실천 윤리적인 작품

• 《기도론》: 교회 역사상 기도에 관해 체계적으로 다룬 첫 번째 작품입니다. 전체 33권으로 구성되어 있으며, 기도뿐만 아니라 다양한 영성 주제들을 다루고 있습니다. 1부(서론~17장)에서는 기도에 관한 일반적인 가르침을 제시했으며, 2부(18~31장)에서는 주님의 기도에 대해 해설하고, 부록(32~33장)에서는 기도의 자세, 장소, 종류 등에 대해 다뤘습니다.

• 《순교 권면》: 235년 팔레스티나 지역의 카이사리아에서 있었던 박해 초기에 집필되었습니다. 작품은 전체 50장으로 구성되어 있습니다. 아버지를 따라 늘 순교에 대한 열정을 품고 있던 오리게네스는 이 작품에서 '박해의 시련과 역경 속에서도 흔들리지 않고 굳센 믿음으로 주님을 증거하는 사람만이 하느님을 만나 영생의 기쁨을 얻을 수 있다'고 가르치며 신자들에게 용기를 북돋워 주었습니다. 또한, 순교야말로 구체적으로 그리스도와 함께 십자가를 지고 가는 길이며, 하느님은 이 지상

의 것을 버리고 희생한 우리에게 합당한 상급을 주실 것이라고 강조합니다.

편지들

마지막으로 오리게네스가 지인들에게 쓴 개인적·공식적인 편지들이 많습니다. 오리게네스는 방대한 분량의 편지를 썼습니다. 예로니모 성인은 오리게네스의 편지가 커다란 4개의 모음집으로 정리되어 있으며, 그중에 하나(100개 이상의 편지가 수록됨)가 9권으로 구성되어 있다고 증언한 바 있습니다. 그러나 완전하게 전해 오는 편지는 기적자 그레고리오 성인에게 보낸 편지와 율리우스 아프리카노 성인에게 보낸 편지 2통뿐이며 나머지는 모두 소실되었습니다.

"당신의 이름은 부어 놓은 향유랍니다.
그러기에 젊은 여자들이 당신을 사랑하지요.
나를 당신에게 끌어 주셔요, 우리 달려가요."(아가 1,3-4)

"신부와 젊은 여인들은 후각으로 신랑의 향기를 맡는다.
그 향기는 육체적인 향기가 아니라 신성한 향기이자
내적 인간이라 불리는 향기를 말한다.
그러므로 만일 이런 후각이 그리스도의 향내를 느낀다면,
이는 인간을 생명으로 인도해 준다."(오리게네스의 《아가 주해》 제1권)

2.

영성을
이해하려면

1. 영성은 이렇게 탄생했습니다[5]

개방적인 태도

오리게네스의 영성을 살펴보면서 주의해야 할 점은 앞서 몇 번 언급한 우의적인 성경 주해 방법입니다. 흔히 이 방법은 주관적인 해석이라고 여겨져 많은 오해를 받아 왔습니다. 한편 오리게네스를 두고 이단 교설의 시조라고

---

5 참조: 윤주현, "그리스도교 영성의 원류인 오리게네스", 《신학전망》 204, 2019, 205-219.

하는 주장도 있습니다. 그러나 분명히 그의 삶과 가르침은 초지일관 교회적이었습니다. 그는 언제나 교회의 사람이었습니다. 또한 그의 사상은 언제나 교회와의 통교 안에 있었습니다. 오리게네스에 대한 단죄는 후대인 553년에 이루어졌는데, 이는 오리게네스라는 인물 자체에 대한 교회의 단죄가 아니라 그를 따르던 일부 후대 신학자가 그의 가르침을 왜곡해서 발전시킨 것에 대한 단죄로 보아야 합니다.

그러나 사실 이런 왜곡된 흐름은 오리게네스의 신학과 영성에 대한 잘못된 오해에서 기인합니다. 그의 신학은 어떤 교리에 대한 결정적인 단정이 아니라 여러 가지 가능성을 놓고 설명하고 나열하는 방식이었습니다. 그의 신학적인 설명은 교회 전통에 맞닿아 있었습니다. 이는 앞서 소개한 알렉산드리아의 문화적인 성격과 맥을 같이 합니다.

그러므로 우리가 주목해야 할 점은 오리게네스의 신학 연구 방법이 개방적이었다는 사실입니다. 예컨대 그는 성경의 한 구절을 설명하면서 여러 가지 해석의 가능성을 제시해 주었습니다. 또한 인품과 관련해서도 그가 열심한 신자이자 사제였다는 사실을 잊지 말아야 합니다. 그는 결코 탁상공론이나 하는 연구실의 신학자가 아니었습니다. 이는 그가 순교하였다는 사실에서 단적으로 드러납니다. 오리게네스는 개방적인 태도로 모범을 보인 참된 신앙의 모델입니다.

철학을 도구 삼아

오리게네스의 신학과 영성을 이해하기 위해서는 그가 그리스도교 계시 진리들을 해석하기 위해 사용한 사상적인 도구가 무엇인지 살펴봐야 합니다. 신학에서는 이를 '해석학적 도구'라고 부릅니다. 그리스도교의 핵심적인 진리를 당대 사람들과 소통할 수 있도록 해석해 주는 도구이기 때문입니다. 오리게네스는 자신의 신학을 발전시키기 위해 당시 대세였던 플라톤 철학을 사용했습니다. 따라서 우리는 오리게네스를 플라톤적인 그리스도인이라고

도 말할 수 있습니다. 물론 오리게네스는 플라톤 철학을 받아들이는 데 있어 그리스도교의 구원 진리와 맞지 않은 요소들을 걸렀습니다.

플라톤 철학은 기본적으로 이원론적인 세계관을 갖고 있으며, 오리게네스 역시 기본적인 노선은 이를 따랐습니다. 플라톤에 따르면, 세계는 이 세상과 신들의 세계(또는 이데아 세계)로 나뉘며 신들의 세계만이 참된 세상이고 이 세상은 거짓된 세계에 불과합니다. 좀 더 구체적으로 보면, 신들의 세계는 우월적인 세계이며 규범이 되는 세계이고 참된 세계입니다. 즉, 참된 사물의 실재가 있는 세계가 바로 신들의 세상입니다.

반면, 이 세상은 그에 비해 하위의 세계로서 실재하는 세계가 아니며 단지 현상에 불과하고 신들의 세계의 그림자에 불과하다고 합니다. 예컨대, 우리가 이 세상에서 보는 책상은 단지 환영에 불과하고 참된 책상의 실재는 신들의 세계에 있다는 겁니다. 또한 그 세계는 참된 영적인 세계이기도 합니다. 이러한 플라톤의 세계관은 오리게네스에게 지대한 영향을 미치며 다음과 같은 결과를 낳았습니다.

> ① 현세를 상징적, 상대적인 세계로 보는 전망: 오리게네스는 이 세상, 현세 사물은 참된 저 세상을 어렴풋이 드러내는 환영과 그림자에 불과하며 참된 영적인 세계를 가리키고 있다고 말합니다.
> ② 역동적인 세계관: 이러한 이원론적 세계를 배경으로, 이 현세는 끊임없이 저 세상, 참된 영적인 세계를 닮아야 한다는 결론에 이릅니다. 즉, 현세는 끊임없이 영적인 세계를 향해 나아가야 하며, 이 현세 안에 몸담고 있는 인간이 가야 할 궁극적인 운명 역시 그렇다고 오리게네스는 보았습니다. 이러한 역동적인 세계관은 그의 교회관, 성사, 성경, 영성 등에 그대로 적용되었습니다.

이러한 플라톤 철학의 영향은 오리게네스 신학 전체에 영향을 미칩니다. 예를 들어 성경을 두고 숨겨진 신비들이 담겨 있는 상징의 보고라고 하는 면이나 영적인 성장을 위해 나아가는 신자를 단순한 신자와 완전한 신자의 두 부류로 나누는 면 등에서 이러한 플라톤 철학의 영향을 쉽게 찾아볼 수 있습니다.

오리게네스의 사상 가운데 플라톤의 이원론적인 전망이 짙게 드러나는 부분은 그의 인간에 대한 이해 부분입니다. 그는 인간에게 중요한 면은 육체가 아니라 영혼이라고 보았습니다. 그의 사상을 들여다보면 육체가 배제되지는 않지만 상대적으로 소홀히 다뤄지는 모습을 보게 됩니다. 그는 인간의 육체가 '영혼이 이 세상에 존재하도록 하는 재료를 제공한다'는 측면에서만 유효할 뿐, 그리 가치를 갖지 못한다고 보았습니다. 인간의 참된 모습이 오직 영혼, 구체적으로는 지성적인 부분이라고 본 것입니다. 이에 반해, 이레네오 성인 같은 경우는 인간이 영, 영혼, 육체로 구성되어 있다고 하며 인간을 총체적으로 보려고 했습니다. 그리고 특히 육체적인 존재로서의 인간을 강조했습니다. 이 점은 오리게네스 사상의 한계이자 시대적인 틀이 지닌 한계라고 할 수 있겠습니다.

말씀을 기초 삼아

오리게네스는 영성 생활에서 성경을 가장 근본적인 것으로 보았습니다. 그는 성경을 달리 이해하고 보다 체계적으로 접근했습니다. 오리게네스는 성경이 단지 과거의 이야기가 아니라 살아 있는 하느님의 말씀이며, 그리스도의 강생 자체이고 그리스도 자신을 의미한다고 여겼습니다. 그리고 바로 이 그리스도 자신이 인간의 언어 안으로 들어온 것이 성경이라고 보았습니다.

그러므로 오리게네스에게 그리스도는 성경의 대상이자 성경의 주체이기도 합니다. 즉, 성경은 당신 자신의 신성을 감추고 계신 그리스도의 육신을 의미합니다. 따라서 우리는 성경의 다양한 뉘앙스를 음미하고, 깊이 연구하고 묵상함으로써 그리스도를 찾을 수 있습니다. 그러기 위해서는 본문을 자세히 연구하고 문자적인 의미에서부터 출발해야 합니다. 쉽게 말해, 성경 구절의 의미를 먼저 정확히 안 후에 이를 바탕으로 신비적인 의미로 나아가야 하는 것입니다.

오리게네스가 살던 시절, 교회 안에는 성경 주해라는 게 없었습니다. 그리고 성경 해석을 위한 기준이나 규범 같은 것도 존재하지 않았습니다. 오리게네스는 이러한 상황에서 자신의 작품 《원리론》 제4권에서 성경 주해에 대해 설명하면서 성경 해석을 위한 다양한 기준을 제시했습니다. 이는 교회 역사상 성경 주해와 관련해서 시초가 되는 아주 중요한 가르침입니다. 오리게네스는 자신의 해석 기준을 바탕으로 성경 전체를 체계적으로 주해했습니다.

특히 이를 통해 영지주의자들을 거슬러 성경을 올바로 해석하고자 했습니다. 오리게네스가 성경 전체를 주해하면서 사용한 주해의 종류는 다음과 같습니다.

① 해설: 성경 구절들에 대한 해설
② 강론(강해): 성경 구절들이 담고 있는 내용에 대한 사목적 강론
③ 발췌 주해: 난해한 성경 구절들에 대한 주해

오리게네스에게 있어서 성경에 접근한다는 것은 단순한 지적인 작업이 아니라 그리스도인의 삶을 보다 풍요롭게 하기 위해 성경 안에 숨겨진 신비로운 보물을 찾는 것이었습니다. 그는 이렇게 성경을 주해하면서 그간 교회 안에서 공동체적인 차원에서만 회자되던 '영성' 주제를 개별 인간에게 적용했습니다. 오리게네스를 통해 교회론적인 영성 해석에 새로운 지평이 열리면서 본격적으로 개별 인간에게 영성적인 해석이 이루어졌다고 할 수 있습니다.

예컨대, 오리게네스는 성경 구절이 "나에게 무엇을 말

하고 있는가?", "만일 그리스도께서 내 안에서 새로 태어나지 않는다면, 그리스도의 탄생은 나에게 무슨 소용이 있는가?" 하고 질문했습니다. 즉, 각각의 성경 구절이 우리 각자를 위해 어떤 유익을 주는가, 구체적으로 내게 무슨 의미인가 하는 점을 깊이 파고들었습니다.

이렇듯 오리게네스는 그리스도께서 교회 공동체뿐만 아니라 개별 신자들에게도 말씀하시고 인도하신다고 보았습니다. 즉 성경은 개별 신자들에게도 관심을 두고 있으며, 우리 모두는 이를 충분히 발견할 수 있다는 말입니다. 오리게네스가 쓴 《아가 주해》도 바로 이런 관점에서 쓰였습니다. 하느님 나라의 전체적인 성장과 개별 신자의 영적 여정 사이에는 매우 긴밀한 관계가 있음이 여기서 드러납니다.

영성 분야에 대한 오리게네스의 공헌은 특히 그리스도와 교회 사이의 관계를 신랑과 신부로 표현한 아가를 주해하면서 내용이 담고 있는 공동체적인 측면을 더욱 구체화하여 이를 개별 신자들에게 적용했다는 점입니다. 다시 말해, 그리스도와 개별 신자 사이를 '혼인'의 관계로 풀어

냈습니다. 이는 그 이전에는 없던 새로운 비전으로 이후 교회의 역사에 아가 해석의 새로운 전통을 물려주게 됩니다. 그 후 니사의 그레고리오 성인이 이 전통을 이어받아 자신만의 새로운 《아가 주해》를 썼으며, 중세로 넘어와서는 베르나르도 성인, 그 후에는 십자가의 요한 성인과 예수의 데레사 성녀 등이 이러한 맥락에서 아가를 주해했습니다. 예로니모 성인은 오리게네스가 쓴 《아가 주해》야말로 오리게네스 성경 주해의 백미라고 전한 바 있습니다.

오리게네스의 영성적인 성경 주해는 그가 성경의 정수에 접근하기 위해 사용한 방법입니다. 오리게네스에 따르면, 독자들은 이 우의적인 방법을 통해 성경에 접근하고 비로소 본문이 품고 있는 신비적인 의미를 끌어낼 수 있다고 합니다. 오리게네스가 살던 당시 사용되던 우의적인 해석 방법에는 다음과 같은 종류가 있었습니다.

① 이교인들이 사용하던 우의
② 유다교 사상의 맥락에서 필론이 한 우의
③ 그리스도교적인 우의

④ 영지주의적 우의

여기서 오리게네스가 성경을 주해하면서 염두에 두었던 것은 일차적으로 영지주의적인 우의적 성경 해석이었습니다. 그들은 문자적인 의미, 우의적인 의미 모두를 취했기 때문입니다. 그러나 오리게네스는 그런 영지주의자들을 거슬러 그들이 성경 구절을 우의적으로 해석할 때 문자적으로 해석하고, 문자적으로 해석할 때 우의적으로 해석했습니다. 당시에 전반적으로 통용되던 우의적인 해석 방법도 취했으며 유다교 사상의 맥락에서 사용되던, 즉 필론이 사용하던 우의적 해석 방법도 취했습니다. 이렇게 오리게네스는 성경을 주해하면서 이상의 세 가지 방법을 모두 고려하여 자신의 것으로 활용했습니다.

1) **성경 해석의 기준**

그러면 오리게네스는 어떤 기준에 따라 성경을 해석했을까요? 오리게네스는 당시 그리스도교 신앙을 위협한 영지주의를 거슬러 성경을 해석함으로써 그 안에 담긴 깊고 다양한 메시지를 신자들에게 전해 주려 했습니다.

그래서 첫 번째로 성경 전체가 그리스도에 대해 말하고 있기 때문에 그 해석도 그리스도를 말해야 한다고 보았습니다. 사실 성경 전체는 신·구약을 막론하고 성경 저자들이 한 구절, 한 획까지도 성령의 감도를 받아 쓴 책입니다. 그래서 성경 전체 모든 구절은 하느님의 말씀으로 간주되어야 합니다. 이렇게 오리게네스는 성경을 교회의 관점에서, 그리스도의 관점에서 재해석해서 소개했습니다. 당시 영지주의는 성경을 그리스 철학 관점에서 살펴봤기 때문에 이러한 오리게네스의 태도는 영지주의의 입장을 거스르는 것이었습니다.

또한 오리게네스는 문자 그 자체만으로 잘 해석되지 않는 성경 구절의 경우에도 영성적인 의미가 있다고 보았습니다. 문자적인 의미가 결핍되었다고 해도 성경 구절에 영성적인 의미가 없어지는 것은 아니라고 본 것입니다. 이 또한 영지주의를 거스른 성경 해석 기준이라 할 수 있습니다.

오리게네스는 우리가 성경에서 구세주 예수 그리스도께 합당한 말을 찾을 수 있고 또 찾아야 한다고 생각했습니다. 문자 그 자체는 마치 방패와 같아서 일차적으로 신비를 보호하고 있기 때문에 이 방패를 넘어서야 한다는 것입니다. 이와 함께 오리게네스는 성경의 '유용성'을 언급합니다. 구체적으로 말해, 성경의 모든 구절이 내게 무엇을 이야기하는지 의미를 찾아야 한다는 겁니다.

성경 구절이 내포한 다양한 의미 중 참된 의미는 '영성적인 의미'입니다. 문자적인 의미는 단지 상징에 불과합니다. 여기에 머물지 않고 영성적인 해석으로 나아가 신비적인 의미를 캐내야 합니다. 성경 해석의 도착점은 영성적인 의미에 있습니다. 그러나 이 영성적인 해석이 결코 문자적인 의미를 배제하는 것은 아닙니다. 즉, 오리게네스는 성경 본문이 구체적으로 무엇을 의미하는지도 들여다보았습니다. 그러면서도 결코 여기에 머물지 않고 그 이상을 넘어 영성적인 의미로 나아간 것입니다.

사실, 이 방법은 어떤 면에서는 부정적으로 보일 수 있습니다. 자의적인 성경 해석으로 오해받을 수도 있기 때문입니다. 그러나 오리게네스는 결코 자의적인 성경 해석을 우의적인 성경 해석이라고 하지 않았습니다. 그는 이 '우의'를 임의로 적용하지 않았습니다.

성경 해석은 해석하고자 하는 성경 구절이 다른 성경 구절에 의해 정당화될 때에만 유효합니다. 다시 말해, 성경은 성경을 통해 비로소 올바른 의미를 찾을 수 있습니다. 예컨대, 오리게네스는 '여우', '금'과 같은 단어를 해석함에 있어 성경에 나오는 모든 구절을 언급하고 이를 바탕으로 성경 구절의 의미를 끌어냈습니다. 이처럼 성경 구절에 대한 올바른 이해는 전체 성경과의 올바른 관계에 대한 이해를 통해서만 가능하다는 것입니다.

오리게네스는 기본적으로 두 가지 성경 해석의 틀을 제시했습니다.

이중적인 분할의 틀	삼중적인 분할의 틀
문자적 의미	문자적 의미
	윤리적 의미
영성적 의미	영성적 의미

여기서 삼중적인 분할의 틀은 성경이 제시하는 인간에 대한 이해와 잘 맞아떨어질 뿐만 아니라 인간의 영적인 진보를 설명하는 데에도 적절합니다. 오리게네스는 인간에 대한 바오로 사도의 가르침, 특히 다음의 테살로니카 신자들에게 보낸 첫째 서간 5장의 구절에 담긴 삼중적인 인간관을 자신의 신학적·영성적 전망의 바탕으로 삼았습니다.

"우리 주 예수 그리스도께서 재림하실 때까지 여러분의 영과 혼과 몸을 온전하고 흠 없이 지켜 주시기를 빕니다." (1테살 5,23)

오리게네스는 이 삼중적인 분할의 틀을 성경 해석의 주된 틀로 사용했습니다. 다음은 삼중적인 분할의 틀을 성경과 영적인 진보 그리고 영지주의의 틀과 비교한 것입니다.

바오로 사도	성경의 의미	영적 진보	영지주의
몸	문자적 의미	초보자	육체적 인간
영혼	윤리적 의미	진보자	심리적 인간
영	영성적 의미	완덕자	영적 인간

위에서 보는 바와 같이, 오리게네스는 성경에 대한 이해의 정도와 영성적인 진보 사이에 일정한 관계가 있다고 보았습니다. 이러한 틀을 바오로 사도를 통해 보여 주고 있습니다. 이와 동시에 영성적 진보의 단계를 제시하면서 성경에 대한 이해를 통해 인간이 점점 더 완전한 영적 존재로 변화해 간다는 점도 보여 주고 있습니다. 반면, 영지주의의 인간관에는 육체적 인간, 심리적 인간, 영적 인간 이렇게 세 부류가 있으며, 각 부류에 속한 인간은 자신의 상태 안에 갇힌 채 더 이상의 진보가 불가능합니다. 그러므로 영지주의적인 전망에서 인간의 운명은 결정된 것이라 할 수 있습니다. 이와 달리 오리게네스의 삼중적 인간관은 현세에서 노력 여하에 따라 진보가 가능한 개방적인 인간관입니다.

그러나 성경에 바탕을 둔 이러한 삼중적 인간 이해의 틀은 인간의 신비와 그 변화 과정을 모두 담기에는 다소 좁은 느낌을 줍니다. 물론 이러한 삼중적인 틀에 바탕을 두는 것은 맞지만, 여기에 고착돼서는 안 됩니다. 성경의 의미는 인간의 변화 단계와 더불어 매번 새롭게 알게 될 수 있기 때문입니다. 즉, 인간이 점점 더 영성적으로 완전한 인간으로 변화해 갈수록 그에 상응하는 성경에 대한 지평이 열려서 문자적인 의미를 넘어 그 안에 담긴 신비적인 의미를 자신이 변화한 만큼 깨닫고 보게 됩니다. 이처럼 우리의 사고방식을 어떤 틀 안에 고정시킬 것이 아니라, 영성적인 진보와 더불어 새로운 의미를 끊임없이 탐구하고 바라보아야 합니다. 이 둘은 서로 영향을 주는 관계입니다.

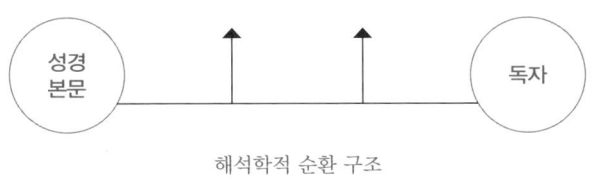

해석학적 순환 구조

성경의 의미는 마치 물이 가득 고인 우물과 같아서 준비되고 진보한 영혼들일수록 더 많이 퍼 올릴 수 있습니다. 더 깊은 신비적인 의미를 깨달을 수 있지요. 이렇게 깊은 의미를 깨닫게 되면, 의미는 영혼이 진보하는 데 필요한 힘을 더해 주게 되고, 그만큼 영혼은 질적인 변화와 상승에 이르게 됩니다. 그리고 그만큼 더 변화된 존재의 지평에서 성경의 신비를 더 깊이 깨닫고 바라볼 수 있습니다. 이러한 과정은 끊임없는 순환을 거치는 가운데 인간이 마지막으로 완전한 상태에 도달할 때까지 영혼의 젖줄과 같은 구실을 하게 됩니다. 따라서 오리게네스는 결코 성경 해석에 있어서 결정적인 한 가지 해석을 제시하지 않았습니다. 언제나 개방된 해석을 제시했지요.

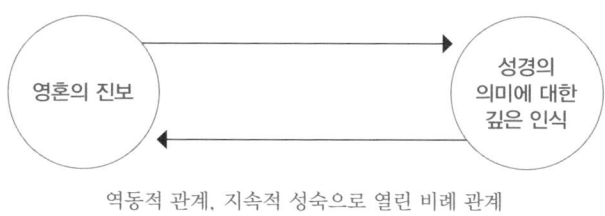

역동적 관계, 지속적 성숙으로 열린 비례 관계

오리게네스가 제시한 성경 해석은 양자택일적인 것이 아니었습니다. 그는 언제나 여러 가지 해석을 동시에 제시하였습니다. 그렇게 함으로써 독자가 영성적인 성숙도에 맞게 해당 구절의 깊은 의미를 알아들을 수 있도록 도와주었습니다.

그렇다면 누가 성경의 문자적인 의미, 윤리적인 의미를 넘어서 영성적인 의미, 성경 구절이 간직한 정수를 알아들을 수 있을까요? 오리게네스는 성인과 신비가야말로 그 깊은 의미를 알아들을 수 있다고 합니다. 즉, 보다 더 하느님과 가까이 다가가 그분과 깊은 관계를 맺는 사람일수록 성경의 영성적인 의미, 신비적인 의미를 더 깊이 깨달을 수 있다는 것입니다.

그렇다면 오리게네스가 이처럼 성경 주해를 하는 이유는 무엇일까요? 그는 성경을 삶 속에서 살아 내고자 했고 그 비결을 신자들에게도 전해 주고자 했습니다. 그럼으로써 그리스도교 신자들이 하느님을 향한 진보의 여정을 걷게 되기를 바랐습니다. 이는 다시 말해, 성경을 영성 생활의 근본 규범으로 간주하고 있다는 말입니다. 따라서 성경에 대한 이해는 영성 생활에서 아주 중요할 수밖에 없습니다.

더 나아가 오리게네스의 영성은 성경과 함께 유기적으로 구성되어 있습니다. 신자는 바로 성경 안에서 영적인 여정을 발견할 수 있기 때문입니다. 따라서 오리게네스의 성경 해석은 결국 영적인 진보에 그 초점이 맞춰져 있습니다.

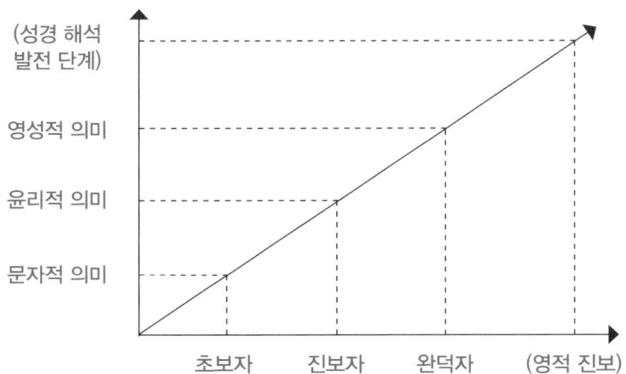

위에 제시한 도표는 성경 해석의 발전 단계와 하느님을 향한 인간의 영적 여정 사이의 관계를 보여 줍니다. 오리게네스는 성경을 이해하지 못하는 사람들을 세 부류로 나눴습니다.

① **무지한 사람들**(마음이 굳은 사람들, 구체적으로 유다인을 의미, 이들은 성경을 자구적으로만 이해함)
② **이단자들**(구체적으로는 영지주의자들을 일컬음)

③ 아주 단순한 보통 사람들

성경 해석에서 출발점이 되는 것은 문자적인 해석입니다. 이 의미를 바탕으로 윤리적인 해석과 영성적인 해석이 가능합니다. 앞서 살펴본 오리게네스의 삼중적인 틀에 따라, 적어도 성경 구절에 대해 세 번은 깊이 주목하고 묵상해야 합니다. 종종 어느 구절에서 문자적인 의미를 찾기 어려울 때도 있지만, 그럴 경우라도 윤리적인 의미나 영성적인 의미를 찾도록 노력해야 합니다. 다음은 오리게네스가 제시한 인간 존재의 구조와 성경 해석 간의 상관관계입니다.

육체 안에서	문자적인 해석
영혼 안에서	윤리적인 해석
영 안에서	영성적인 해석

2) 영성적인 진보의 법칙

앞서 플라톤 철학을 해석학적인 도구로 사용한 오리게

네스의 성경 해석과 영성적인 전망을 살펴보았습니다. 성경의 깊은 의미를 알아듣는 것은 모두에게 각기 다른 양상으로 다가옵니다. 그것을 수용할 수 있는 내적인 그릇의 크기가 모두 다르기 때문입니다. 이렇게 성경의 신비에 대한 발견은 독자가 영적으로 진보하게 해 줍니다. 이는 성경에 대한 이해의 정도와 직접적인 관련이 있습니다. 또한 이러한 영성적인 진보가 지향하는 목표는 예수 그리스도와의 관계를 발전시키는 데 있습니다. 그러므로 우리는 다음의 3차원적 도식을 통해 성경에 대한 이해와 영적 진보 그리고 그리스도와의 관계를 보다 쉽게 이해할 수 있습니다.

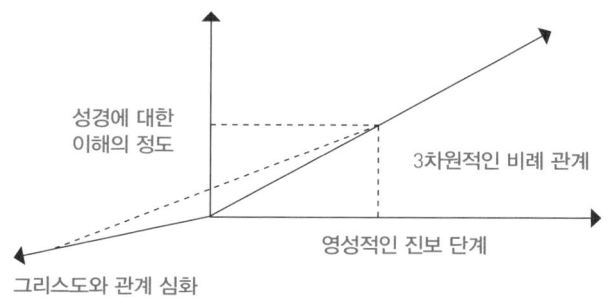

그러므로 영성적인 진보는 사실 복합적이라고 할 수 있습니다. 여기에는 성경에 대한 이해가 함께하며, 이와 더불어 그리스도와의 관계 또한 깊어집니다. 이 과정에서 그리스도께서 우리에게 더 가까이 오시는데, 이는 그분을 받아들이는 우리의 능력 여하에 달려 있습니다.

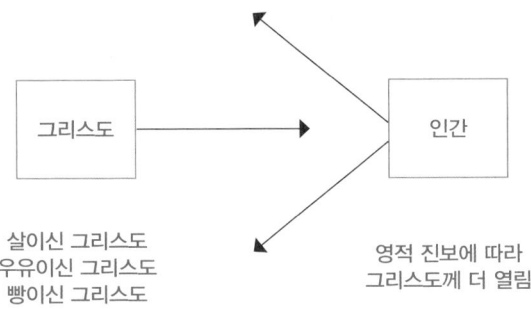

오리게네스는 '살이신 그리스도', '우유이신 그리스도', '빵이신 그리스도'와 같은 그리스도의 여러 호칭들을 소개합니다. 그러면서 이 모두가 사실 그리스도라는 동일한 실재를 나타내지만, 우리와의 관계 안에서 우리의 수용 능력에 맞게 다가오시는 그리스도의 일면을 보여 주는 상징어라고 설명했습니다. 여기서 그리스도는 우리의 영성적인 진보에 원천적인 요소로서, 우리를 기르시고 가르치시는 분으로 드러납니다.

오리게네스는 이러한 관계를 통해 영성적인 '진보의 법칙'을 설명했습니다. 오리게네스에 따르면, 영성적인 진보는 이러한 관계를 바탕으로 이루어지며, 지속적으로 진화하고, 역동적인 특징을 지니며, 결코 끝나지 않습니다. 그리고 이 진보 여정의 마지막은 영혼과 그리스도와의 '영적 결혼'을 통한 완전한 사랑의 합일에 있습니다.

이처럼 오리게네스는 자신의 영적인 전망을 통해 영적 진보의 법칙과 원칙을 제시했습니다. 이러한 진보의 법칙은 바로 그리스도인의 영성 생활에서 적절하게 적용되어야 합니다.

살펴보기

가장 큰 문제였던 '영지주의'

오리게네스의 신학과 영성을 이해하기에 앞서 2세기에 유행했던 '영지주의'가 도대체 무엇인지 짚고 넘어가야 합니다. 영지주의를 어떻게 이해하는지에 따라 교부들마다 다양한 답변을 내놓았으며, 상이한 신학적인 경향을 보였기 때문입니다.

영지주의는 기원후 2세기경 로마 제국 전 지역에 두루 퍼진 현상입니다. 그렇지만 그리스도교적인 환경에서 나온 것은 아닙니다. 이는 그리스도교가 태동해서 성장하던 시기에 고대의 사상 전체를 특징지었던 일종의 영성 운동이었습니다. 영지주의Gnosticism의 어원은 '앎'을 의미하는 그리스어 명사 '그노시gnosi'와 '알다'를 의미하는 그리스어 동사 '기네스코ginesco'입니다. 여기서 말하는 '앎', 더 정확히 말해 영적인 앎을 말하는 '영지靈知'는 신적인 신비를 대상으로 하는 특별한 앎을 의미합니다.

영지주의에 따르면, 인간은 본디 순수한 상태에서 타락한 존재입니다. 이렇게 추락한 인간은 자신의 참된 본성을 알지 못하는데, 이 참된 본성을 알기 위해서는 영적인 앎, 즉 '영지'가 필요하다는 겁니다. 영지주의자들은 우리 안에 내재한 불꽃을 통해 본래의 순수한 상태를 알 수 있다고 보았습니다. 그들은 이러한 앎을 '비밀스런 앎'이라고 불렀고, 이러한 의미에서 영지주의는 인간의 영적인 실재를 그 대상으로 하는 종교 운동이라고 할 수 있습니다. 영지주의의 몇 가지 기본 원칙들을 살펴보면 다음과 같습니다.

① 영지주의자들은 구약의 하느님과 신약의 하느님을 철저히 대립해서 보았습니다. 그들에 따르면 구약의 하느님은 잔인한 전쟁의 신이며 불의한 분입니다. 이러한 하느님을 그들은 데미우르고스Demiurgos라고 불렀습니다. 반면, 신약의 하느님은 자비와 사랑의 하느님으로 묘사됩니다. 그래서 그들은 성경에서 잔인하고 불의

한 하느님을 묘사하는 부분을 받아들이지 않았습니다. 다시 말해, 자신들의 사고의 틀에 따라서 성경을 취사선택하여 해석했습니다.

② 인간에 대한 이해의 관점에서 보면, 영지주의는 지극히 결정론적이고 운명론적인 경향을 따르고 있습니다. 즉, 인간은 죄를 지어 비참한 상태에서 태어나며 회복할 수 있는 가능성을 상실한 상황에 처해 있다는 겁니다. 다음은 영지주의가 바라보는 결정론적, 운명론적 인간관입니다.

인간의 종류	운명
육체적 인간	비참하게 죽을 운명에 처해 있다.
심리적 인간	이 또한 비참하게 죽을 운명이다.
영적 인간	오직 영적인 인간만이 구원될 수 있다.

이러한 그들의 인간관에는 이 현세에서 이루어지는 인간의 어떠한 노력에도 불구하고 더 이상의 변화, 발전 가능성이 배제되어 있습니다. 그들은 이를 바탕으로 다시 한번 나쁜 하느님에 대해 말했습니다.

사실, 영지주의 운동은 초기 교회가 당면한 가장 큰 문제가 아닐 수 없었습니다. 그래서 이런 이단에 대항해서 각 교부들은 그 나름의 해답을 제시하려 했습니다. 그러나 다른 교부들이 제대로 준비되지 못해서 영지주의에 체계적으로 대항하지 못했던 데 반해, 알렉산드리아 학파의 클레멘스와 오리게네스는 플라톤 철학을 바탕으로 조직적인 신학을 발전시켰고, 그 결과 영지주의에 대항해서 승리할 수 있었습니다.

"내 영혼이 사랑하는 이여, 내게 알려 주셔요.
당신이 어디에서 양을 치고 계시는지 한낮에는 어디에서
양을 쉬게 하시는지. 그러면 나 당신 벗들의 가축 사이를
헤매는 여자가 되지 않을 거예요."(아가 1,7)

"신부는 신랑에게 어디 계신지,
어디서 쉬고 계신지 알려 달라 청한다.
신부는 사랑으로 초조해져서 빛이 아주 선명하고 순수하며
완전한 순간, 즉 한낮에 그분께 가까이 다가가려 한다.
이는 양떼를 돌보며 쉬고 있는 그분 곁에 머물기 위함이다.
그리고 자신이 어디로 가야 하는지 정확히 그 길을 알기
위해서이다."(오리게네스의 《아가 주해》 제1권)

2. 영성을 배우기 전에 알아야 할 것, 인간

영성을 알기 위해서는

오리게네스의 영성을 더욱 깊이 이해하려면 그가 인간을 어떻게 이해했는지 알아야 합니다. 그것은 마치 영성이라는 그의 걸작품에서 바탕색처럼 드러나기 때문입니다. 오리게네스는 다양한 저작을 통해 인간에 대한 체계적인 설명을 시도했습니다. 사실, 오리게네스 이전에는 이렇다 할 만한 체계적인 신학이란 게 교회 내에 거의 없었습니다. 상황이 그렇다 보니 인간에 대한 체계적인 설명도 없었습니다. 물론 그 이전에 여러 교부가 인간에 대해 간헐적으로 언급하긴 했지만, 그것은 인류를 향한 하느님의 구원이라는 주제를 설명하기 위해 아주 조금만 언급될 뿐이었습니다. 그러나 오리게네스는 자신의 대표작인 《원리론》에서 신앙을 체계적으로 설명하면서 인간에 관한 다양한 주제들을 조직적으로 다뤘습니다. 《원리론》

은 크게 네 부분으로 나뉩니다. 1권은 하느님과 삼위일체, 2권은 세상과 피조물, 3권은 인간의 자유 의지 그리고 마지막으로 4권은 성경을 주제로 합니다.

오리게네스는 《원리론》 제3권에서 인간에 대해 논하는 가운데 이를 믿음의 바탕이 되는 전제로 삼았습니다. 물론, 제3권 이외에 다른 부분에서도 군데군데 인간을 소개하고 있습니다.

먼저 《원리론》 1권 5장 7절을 보면, 오리게네스는 창조에 대해 설명하면서, 이성적인 피조물들의 본성과 목적 그리고 육체적인 존재들과 비육체적인 존재들을 설명하는 가운데 인간을 소개했습니다.

또한 《원리론》 2권 5장 8절에서 10절에서는 의인과 선한 사람들에 대해, 피조물들의 움직임에 대해, 영혼의 본성에 대해, 그리고 부활과 형벌에 대해 소개했습니다.

대략 2,000권에 이르는 오리게네스의 작품 중에서 《원리론》은 모든 면에서 인간에 대한 중요성을 성찰하고 드러낸 걸작입니다. 여기에서 오리게네스가 다룬 인간에 대한 주제들은 다음과 같습니다. 창조, 하느님의 모상, 육체, 영혼, 영혼의 근원, 영혼의 선재先在, 영적 인간, 인간을 구성하는 요소들, 자유 의지, 영혼과 육체의 구원 문제, 종말에 대한 다양한 주제입니다.

553년경 교회가 오리게네스주의자들을 단죄할 당시, 《원리론》은 다른 작품들보다 더 많은 타격을 받았습니다. 그래서 이 작품은 원어인 그리스어로 전해 오지 않고, 라틴어로 번역된 두 가지 사본만 전해져 옵니다(익명의 역자가 번역한 사본, 아킬레이아Achileia가 번역한 사본). 또한 《원리론》 이외에도 인간에 관한 오리게네스의 가르침을 발견할 수 있는 주요 작품으로는 《창세기 강론》이 있습니다. 반면, 학문적인 주해서라고 할 수 있는 《창세기 강해》는 유실되고 그 일부분만 오늘날까지 전해져 옵니다.

말씀에 담긴 인간의 참모습

앞서 언급한 바와 같이 오리게네스는 플라톤 철학에 기초하여 자신의 신학을 전개했지만, 자신의 신학의 근간은 성경에 두었습니다. 그러므로 인간에 대한 오리게네스의 이해 역시 성경의 토대 위에서 설명되고 있습니다. 특히 그는 창세기에 소개된 창조 설화를 주해하면서 독특한 자신의 인간학을 발전시켰습니다. 창세기에는 두 가지 창조 설화가 나옵니다. 첫 번째 설화는 창세기 1장 26절에서 27절까지로 '사제계 전승'에 속하는 본문입니다. 여기서 소개된 인간은 '하느님의 모상과 유사함'으로 창조된 존재로 오리게네스는 이를 영적인 인간의 창조로 보았습니다. 두 번째 설화는 창세기 2장 7절에 등장합니다. 이는

'야훼계 전승'에 속하는 본문으로, 여기에서는 인간을 정성껏 빚어 만드는 하느님의 모습, 인간의 타락 등에 관한 이야기가 흥미진진하게 전개되고 있습니다. 그러면 이를 좀 더 자세히 살펴보겠습니다.

① 창세 1,26-27: "하느님께서 말씀하셨다. '우리와 비슷하게 우리 모습으로 사람을 만들자. 그래서 그가 바다의 물고기와 하늘의 새와 집짐승과 온갖 들짐승과 땅을 기어 다니는 온갖 것을 다스리게 하자.' 하느님께서는 이렇게 당신의 모습으로 사람을 창조하셨다. 하느님의 모습으로 사람을 창조하시되 남자와 여자로 그들을 창조하셨다."

오리게네스는 이 구절을 인간의 첫 번째 창조로 보고 있으며, 이는 구체적으로 영혼의 창조와 그로 인한 영혼의 선재先在를 의미한다고 생각했습니다. 즉, 인간은 이 세상에 존재하기 전에 이미 영적인 실재로 존재하고 있었다는 겁니다.

그에 따르면, 하느님께서는 모든 피조물을 '누스nous',

즉 지성적 존재로 창조하셨습니다. 그런데 영혼은 육체와 함께 창조되었다고 합니다. 이 육체는 현재 우리가 가진 물질적인 육체가 아니라 '섬세한 천상적 육체'입니다. 그래서 인간은 행동에 있어서 지금의 우리 육체처럼 한계를 갖지 않았습니다.

결과적으로 창세기 1장 26절에서 27절에 나오는 창조는 정확히 말해 하느님이 당신의 계획을 통해 원하신 인간 창조에 관한 이야기를 담고 있으며, 오리게네스는 성경이 이 구절을 통해 이상적인 인간상을 제시한다고 보았습니다.

> ② 창세 2,7: "그때에 주 하느님께서 흙의 먼지로 사람을 빚으시고, 그 코에 생명의 숨을 불어넣으시니, 사람이 생명체가 되었다."

여기서 오리게네스는 이 구절에 나타난 인간을 지상적인 인간, 본래의 이상적인 상태에서 타락한 인간으로 설명했습니다. 이로 인해, 창세기 1장 26절에서 27절에 소개된 지적 인간, 이상적인 인간, 그리고 그런 인간이 지닌 천상적이고 섬세한 인간 육체는 무겁고 한계를 갖는 육체로 변질되고 말았습니다. 인간은 분명 하느님의 계획에 따라 이상적인 존재로 창조되었지만, 하느님을 거슬러 죄를 지었기 때문입니다. 이로 인해 하느님을 향한 그의 사랑은 감소되고 말았습니다.

그러나 이러한 오리게네스의 인간 창조에 대한 해석이 성경 본문 자체가 제시하는 창조 설화와 전적으로 일치하는 것은 아닙니다. 왜냐하면, 이 두 번째 창조 이후에 인간이 죄를 범하는 이야기가 나오기 때문입니다.

③ 창세 3,21: "주 하느님께서는 사람과 그의 아내에게 가죽 옷을 만들어 입혀 주셨다."

오리게네스는 이 구절을 추가해서 앞서 살펴본 두 가지 창조 이야기를 보완했습니다. 이 구절에서 보는 것처럼, 하느님은 아담과 하와가 죄를 지음으로써 그들을 에덴동산에서 내쫓는 가운데 '벌거벗은 상태'에서 보호해 줄 '가죽옷'을 입혀 주셨습니다. 그런데 오리게네스는 이 가죽옷이 인간이 죄를 지은 이후 갖게 되는 변질된 육체를 상징하기도 한다고 보았습니다. 천상적인 육체를 감추고 있는 죽어야 할 운명으로서의 육체를 보여 준다는 것이지요.

영과 영혼, 육체

오리게네스의 인간관에서 가장 뚜렷한 특징은 인간이 끊임없는 역동적인 운동을 통해 진보의 여정에 있다는 점입니다. 앞서 살펴보았듯이, 이러한 그의 인간관은 기본적으로는 플라톤의 이데아론을 바탕으로 한 이원론적 세계관에 바탕을 두고 있습니다. 그러나 오리게네스의 인간관은 플라톤의 인간관과는 조금 다릅니다. 플라톤적인 인간관은 인간이 이데아 세계에서 타락한 후 현실 세계로 추락했다는 데에서 출발합니다. 반면, 오리게네스에게 인간의 역동적인 진보 여정은 창조부터 시작해서 마지막 완성에 이르기까지 끊임없이 이어집니다.

오리게네스는 영지주의자들의 운명론적인 결정론을 거슬러 하느님의 '선하심'을 바탕에 두고 '창조'에 관한 설명을 전개했습니다. 바로 이 '하느님의 선하심' 안에서 인간의 영혼이 창조되었고, 이 영혼은 인간이 창조되기 전에 이미 존재했다고 보았습니다. 그래서 오리게네스에 따르면, 하느님께서는 인간을 창조하실 때 모든 지적인 피조물을 똑같이 창조하셨지만, 인간만은 '천상적 육체'와 더불어 창조하셨다고 합니다.

오리게네스는 특히, 인간이 영과 영혼 그리고 육체로 구성되어 있다고 보았습니다(인간 = 영 + 영혼 + 천상적 육체). 이는 바오로 사도의 인간학적인 전망(1테살 5,23 참조)에서 영향을 받은 것입니다. 바오로 사도는 역사상 처음으로 인간을 삼중적인 구조로 이해했고, 이러한 이해는 후대의 여러 교부들을 비롯해 영성가들에게 지대한 영향을 미쳤습니다.

역사적으로 보면, 여러 신학자와 영성가들의 사상, 영성 뒤에는 이를 떠받쳐 주는 인간관이 있었는데, 크게 보면 인간을 영혼과 육체로 구성된 존재로 이해하는 이중적 인간관과 영, 영혼, 육체로 이해하는 삼중적 인간관이 있었습니다. 그런데 영성가들은 인간의 영적인 진보와 퇴보를 인간학적으로 설명해 주기에 좀 더 쉬운 삼중적인 인간관을 선호해 왔습니다. 오리게네스는 영성적인 가르침에서 이 두 가지 전망을 서로 충돌시키지 않고 적절하게 사용했습니다.

오리게네스는 《원리론》 제4권 2장 7절에서 인간을 '육체를 필요로 하는 영혼'으로 정의하고 있습니다. 여기서 알 수 있는 바와 같이, 그에게 인간의 본질은 근본적으로는 '영혼'입니다. 그에 반해 '육체'는 영혼이 이 세상에 존재하는 데 필요한 한에서 언급될 뿐입니다.

여기에서 오리게네스가 '인간'이라고 했을 때, 비록 상대적으로나마 영혼이 육체보다 중요한 개념으로 자리 잡고 있지만, 플라톤 철학에서 인간을 정의할 때 '육체'를 완전히 배제하던 관점을 극복하고 있음을 보게 됩니다. 오리게네스에 따르면, 인간은 '영혼'으로만 존재할 수 없으며, 바로 '육체'를 필요로 하는 존재입니다.

그렇다면 과연 오리게네스가 말하는 육체는 어떤 것일

까요? 이 육체는 인간 창조에서부터 타락, 그리고 부활한 이후의 최종적인 상태까지 '인간'이기 위해 언제나 반드시 영혼과 함께하는 필수적 요소입니다. 이런 면에서 오리게네스의 인간관은 플라톤의 인간관과 확실히 달라집니다. 곧, 오리게네스는 인간을 구원 역사라는 고유한 그리스도교적인 전망 안에 통합하기 위해 플라톤적인 인간관을 그대로 따르지 않고 자신의 신학적인 틀 안에 담아 수정한 것입니다.

다음은 바오로 사도, 오리게네스, 영지주의의 인간관을 비교한 것입니다.

바오로 사도	성경의 의미	영적 진보	오리게네스	영지주의
영	영성적 의미	완덕자	영	영적 인간
영혼	윤리적 의미	진보자	영혼	심리적 인간
육체	문자적 의미	초보자	육체	육체적 인간

이 표에서 알 수 있듯이 오리게네스의 인간관은 기본적으로 바오로 사도의 삼중적 인간관을 모태로 합니다. 이는 그가 자신의 신학, 영성의 중심으로 삼은 성경에 담긴

세 가지 의미(문자적 의미, 윤리적 의미, 영성적 의미)에 상응하며, 더불어 영적 여정의 세 가지 단계(초보자, 진보자, 완덕자)와도 잘 맞아떨어집니다. 또한, 인간을 구성하는 각 요소를 바탕으로 하느님을 향한 끊임없는 인간의 영적 여정을 폐쇄적으로 설명하기보다, 그의 수덕적인 노력을 바탕으로 한 개방된 여정으로 설명하기에 적절합니다. 운명이 결정되어 있다고 보는 영지주의와는 대비되는 부분입니다.

이 삼중적인 인간 구조의 전망은 본질적으로 윤리적이고 수덕적인 특징을 갖고 있습니다. 여기서 영과 육체는 영혼의 행동을 부추기는 두 극점으로 드러납니다. 영적인 상승을 위한 영혼의 영적 투쟁에서 영은 인간의 육체와 적대적인 관계를 형성합니다. 이렇게 인간의 진보 여정에서 영은 육체로 하여금 육체의 목적이 그 자체에 있지 않고 영에 있다고 가르칩니다. 구체적으로 이 영은 완전한 인간이 되는 데 있어 두 가지 역할 즉, 인간을 더욱 거룩하게 해 주고, 그가 하느님을 더욱 알게 해 줍니다.

이처럼 삼중 구조 안에서 영은 육체를 극복해야 하며, 이미 그 자체로 인간이 육체와의 영적 전투 상황에 놓여 있음을 보여 줍니다. 그리고 하느님을 향한 인간 영혼의 여정을 오리게네스는 초보자, 진보자, 완덕자 이렇게 세 단계로 나눴습니다. 이 세 단계는 후대 영성가들 사이에서 영적 여정을 세 단계 즉, 정화의 길, 조명의 길, 일치의 길로 나누는 근거가 됩니다.

인간의 출발점과 도착점

앞서 살펴보았듯이, 인간 이해에 대한 오리게네스의 성찰은 영혼의 '선재'에서부터 시작되고 있습니다. 이는 그가 플라톤 사상의 영향을 받았음을 의미합니다. 플라톤은 인간 영혼이 이 세상에 존재하기 전에 이미 이데아 세계에 있었다고 말합니다. 오리게네스는 이를 그리스도교적인 관점에서 재해석하여 구원 역사의 차원에서 좀 더 긍정적이고 통합적인 관점에서 종합해 냅니다.

오리게네스는 영혼의 기원을 설명하기 위해 다음과 같은 설명을 제시했습니다. 하느님께서 창조하실 당시, 이성적 피조물들은 모두 동등했다고 합니다. 그리고 이 선상에서 인간 역시 그러했다고 보았습니다. 본래 인간은 자신의 자유 의지를 바탕으로 최고선이신 하느님을 선택하고 그분께 응답하며 사랑할 수 있는 능력이 있었습니다. 선재 상태에서 인간은 하느님 안에서 하느님과 일치하며 살고 있었습니다. 하느님께서 인간을 창조할 당시 인간은 하느님을 관상하는 '누스nous', 즉 지성적 존재들 가운데 하나였습니다. 이러한 지성적 존재들 간에는 특별한 구별이 없었습니다. 즉, 천사와 인간과 악마라는 구별이 없었다는 겁니다. 왜냐하면, 이 지성적 존재들은 현세적인 육체가 아닌, 정확히 말해 가벼운 천상적 육체를 지닌 실재들로서, 이 천상적 육체는 그들의 움직임에 전혀 방해되지 않았기 때문입니다. 한마디로, 그들은 질적으로 신적인 상태에 있었다고 합니다.

따라서 오리게네스의 설명에 따르면, 인간이 본래 '지성적 존재'로 선재할 당시에는 영혼만 있었던 것이 아니라 영혼과 더불어 천상적인 육체가 함께 있었습니다. 그런데 이렇듯 '지성적 존재와 천상적 육체'로 구성된 인간이 어

떻게 현세적인 인간으로 바뀌게 된 것일까요?

 인간은 하느님을 거슬러 죄를 지음으로써 이런 지성적 피조물들과 구별되고 말았습니다. 오리게네스는 하느님을 향한 사랑의 관계에서 인간이 하느님을 더 깊이 받아들이는가 아니면 덜 받아들이는가에 따라 타락이라는 측면에서의 차이가 난다고 보았습니다. 여기서 중요한 역할을 하는 것이 바로 인간의 '자유 의지'입니다. 인간은 자유 의지를 남용함으로써 하느님을 선택하지도, 사랑하지도 않았습니다. 결국, 인간이 열등한 상황으로 추락한 것은 자신이 지은 죄 때문입니다. 그 죄의 구체적인 핵심은 하느님을 향한 인간 영혼의 사랑이 식어 버린 데 있습니다. 그 결과, 인간은 천상적인 육체를 무겁게 하는 물질적인 육체를 받게 된 것입니다. 이것이 바로 지상적인 인간 육체이며, 오리게네스는 창세기 3장 21절에 나오는 '가죽옷'이라고 보았습니다. 그는 모든 인간이 이런 과정을 거쳐 추락했다고 보았습니다.

그러나 현세를 살아가는 인간이 처한 이 상태는 결코 변화될 수 없는 결정적인 형벌의 상태가 아닙니다. 이 일시적인 형벌의 시기는 말하자면 인간을 교육하고 치료하기 위한 시간입니다. 인간은 이 시간을 통해 창조되었을 때의 상태를 회복함으로써 본래 자신이 누렸던 하느님을 관상하는 지복의 상태로 되돌아갈 수 있다고 보았습니다. 인간이 천상적 존재에서 지상적 존재로 추락한 과정을 도식으로 표현하면 다음과 같습니다.

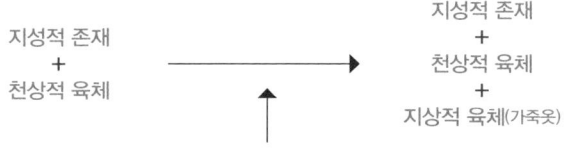

죄를 지음: 하느님을 향한 사랑이 식어 버림

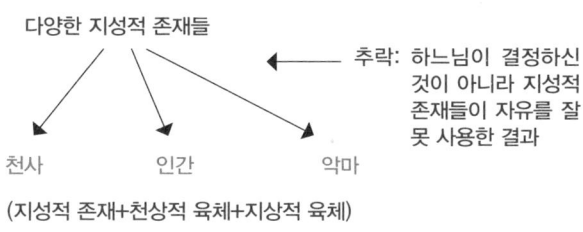

(지성적 존재+천상적 육체+지상적 육체)

위의 도표에서 알 수 있듯이 오리게네스는 인간이 자유의지를 남용했기 때문에 현재의 상태가 되었다고 보고 있습니다. '중간 상태'에 놓이게 되었다고 보고 있는 것입니다. '중간자'인 인간은 죄 때문에 하느님과 멀어진 상태에 있지만, 자신의 자유를 통해 다시금 새롭게 하느님을 받아들이도록 초대된 존재입니다. 인간 육체는 영혼을 담고 있는데, 여기서 '육체'는 '영혼'이 더욱 하느님을 닮아 가도록 영혼을 교정하고 도와주기 위해 필요합니다.

오리게네스에 따르면, 천상적 존재에서 죄를 지음으로

써 타락하게 된 것은 사실 인간에게만 해당되는 것이 아닙니다. 비록 그 방식은 서로 달랐지만, 타락은 그리스도의 영혼을 제외하고는 우주 전체에 해당된 현상이었습니다. 그렇다면 구약 성경에 등장하는 의인들은 어땠을까요? 오리게네스는 그들이 타락한 사람들을 도와주기 위해 이러한 죄의 타락에서 제외되었다고 설명합니다.

오리게네스의 가르침을 따라가다 보면, '아포카타스타시스Apocatastasis'라는 낯선 말이 나옵니다. 이것은 '회귀', '회복'을 의미하는 말로, 단순히 '종말' 또는 '마지막'을 의미하는 것이 아닙니다. 오리게네스에게 '아포카타스타시스'는 인간과 관련된 모든 문제를 최종적으로 해결하는 궁극적인 상태를 의미합니다. 즉, 결정적이고 최종적인 '단죄'가 아니라 우주 전체의 '보편적인 구원'이라는 것입니다. 물론 일부 사람들은 '단죄'를 받게 될 것입니다. 그러나 하느님께서 그들을 단죄하시는 것은 아닙니다. 그분은 오직 모든 이들의 '구원'을 원하실 뿐입니다. 만일 누군가 단죄된다면, 이는 인간이 스스로 하느님을 거슬러 자신을 소외시키기 때문입니다.

그러므로 오리게네스는 '아포카타스타시스'라는 개념을 내세우면서, 인간을 포함한 모든 피조물이 처음 창조된 복된 상태로 하느님께 회귀한다고 보았습니다. 이 최종적인 종말은 우주 만물이 온전히 하느님께 순종하는 상태입니다. 오리게네스는 코린토 신자들에게 보낸 첫째 서간 15장 22절에서 28절을 바탕으로 이를 설명했습니다. 그러나 사실 이러한 오리게네스의 해결 방식은 잠정적인 이론이었으며 그 이후 교회 내에서 취사선택되어 받아들여지게 됩니다.

오리게네스의 이런 사상에는 몇 가지 성찰할 문제들이 있습니다. 우선, 인간의 회귀 과정에서 과연 인간 육체도 회복되는가 하는 점입니다. 만일 그것이 가능하다면, 그 육체는 그리스도교 신앙이 고백하는 부활한 영광된 상태의 육체일 것입니다. 오리게네스는 이를 두 가지 차원에서 설명했습니다. 우선, 영혼이 선재할 당시의 인간 육체는 하느님께 매우 가까운 상태로 천상적 육체이자 매우 섬세한 가벼운 육체였습니다. 그 후 무거운 현재의 육체를 덧입은 인간에게 육체는 최종적인 종말에 이르기까지 이 회귀의 여정에 내내 함께합니다. 그러므로 인간이 최종적인 종말 상태에 이르러 본래의 상태를 회복한다면, 육체 역시 거기에 걸맞은 새로운 상태에 이르게 됩니다.

그렇다면 '이 상태에 이른 인간의 고유한 인격성은 없어지는 것이 아닐까?' 하는 의문이 들 수도 있습니다. 만일 그렇다면 그것은 범신론(신은 모든 것에 존재하며, 모든 것이 곧 신이라는 입장 — 편집자 주)으로 빠질 우려가 있습니다. 이에 대해 오리게네스는 《요한 복음 주해》 1권 16장 92절에서 다음과 같이 설명했습니다. 그는 인간이 유일한 하느님의 아드님, 즉 성자 그리스도를 통해 하느님의 자녀가 됨으로써 성자께서 아시듯 그렇게 우리도 성부 하느님을 알게 된다고 합니다. 이렇게 하느님의 자녀가 되는 것은 획일적인 상태에 접어드는 것이 아니라 한 인간의 고유한 역사가 보존되는 가운데 이루어집니다. 그러므로 여기에는 결코 범신론적인 위험이 없습니다.

오리게네스는 인간이 현세 여정을 거쳐 본래의 상태를 회복하게 되면, 하느님을 있는 그대로 지복직관至福直觀 하게 된다고 보았습니다. 동시에 하느님과 사랑으로 일치하게 되는데, 이것이 결코 인간 존재의 소멸을 의미하는 것은 아닙니다. 또한, '하느님과의 합일'이 인간의 '자유 의지'를 배제하는 것도 아닙니다. 다시 말해, 인간의 최종 목적인 하느님과의 합일은 인간이 자신의 자유를 통해 적극적으로 그분을 받아들여야 하는 상태입니다. 그러므로 여기에는 동시에 인간의 책임이 뒤따릅니다.

이렇게 하느님을 향해 회복의 여정을 거친 사람들 말고, 그분을 거부한 사람들은 어떻게 될까요? 오리게네스는 결국 그들이 지옥에 떨어져 형벌을 받게 된다고 보았습니다. 오리게네스는 그들이 받을 형벌은 자신을 정화하기 위한 것이기 때문에 형벌은 그들을 고치기 위한 약과 같다고 생각했었습니다. 그러므로 이 형벌은 영원한 것이 아닙니다. 이 점은 지옥, 연옥 교리가 교회 차원에서 본격적으로 성찰되고 확정되기 이전의 이야기이므로 지옥에 대한 오리게네스의 이론으로 보면 되겠습니다.

여하튼, 오리게네스는 지옥에서는 구체적으로 '불'의 형벌을 받는다고 합니다. 이 하느님의 불은 다양한 효과를 냅니다. 때에 따라서는 인간을 태울 수도 있고 깨끗하게 할 수도 있으며 즐거움을 줄 수도 있습니다. 오리게네스는 죄로 상징되는 '금'과 '납'이 섞여 있는 모든 영혼은 '불'을 지나가야 한다고 보았습니다. 그 불은 그런 인간을 정화함으로써 그를 구원에 이르게 합니다(《탈출기 강해》 6,4; 《민수기 강해》 25,6 참조).

여기서 오리게네스가 말하는 불은 물질적인 의미의 '불'이 아닙니다. 그는 이 불의 형벌을 인간 안에, 특히 인간의 양심과 기억 안에 두었는데, 좀 더 구체적으로 말하자면, 자신을 괴롭히는 죄들에 대한 기억입니다. 이 죄는 바로 양심 안에서 인간 자신에게 끊임없이 고통을 줍니다. 결국, 이 형벌은 그 누구도 아닌 인간 자신이 스스로에게 주는 고통입니다. 이 고통은 자신이 하느님 안에 있지 않았다는 것에 대한 그리고 지상 여정 동안 하느님께 올바로 응답해 드리지 못했다는 것에 대한 의식에서 옵니다. 이러한 까닭에 오리게네스가 말하는 지옥의 불은 물질적인 것이 아니라 인간을 정화하는 것이라고 할 수 있는 것입니다.

이러한 불이 주는 고통은 인간이 영원히 하느님을 볼

수 있도록 준비해 주는 역할을 합니다. 그리하여 인간을 점진적으로 회개시켜 줍니다(《원리론》 2권, 6~7장 참조). 오리게네스는 이런 역동적인 개념을 통해 하느님께서 마지막에는 인간을 포함한 모든 피조물을 예외 없이 회복시켜 주실 것이라고 보았습니다(《원리론》 1,6,2; 《요한 복음 주해》 1,16,91 참조).

이러한 오리게네스의 가르침은 후대에 비판을 받긴 했지만, 상당히 웅장하고 긍정적인 구원적 전망을 보여 주고 있습니다. 그중에서 지상 생활이 끝난 후에도 정화가 가능하다는 개념은 후대에도 전해지며 가톨릭 교회의 연옥 교리에 많은 영향을 미쳤습니다.[6]

---

6 참조: 호세 알비아르 지음, 윤주현·안소근 옮김, 《종말론》, 대전가톨릭대학교출판부, 2016, 554-555.

살펴보기

이중적 인간관과 삼중적 인간관

오리게네스는 이중적 인간관과 삼중적 인간관을 혼용해서 사용했습니다.

즉, 어느 때는 인간을 두 가지 구성 요소로 구분(영혼-육체)하고, 어느 때는 세 가지 요소로 구분했습니다(영-영혼-육체). 그러나 그의 영성적인 가르침에서는 삼중적인 이해를 좀 더 선호했습니다.

또한 이러한 인간 이해는 오리게네스의 신학에서 핵심적인 역할을 하는 성경 해석, 즉 성경 구절이 지닌 세 가지 의미와 연동되면서 인간의 영성적인 여정을 설명하는 바탕이 되었습니다.

이를 도표로 보면 다음과 같습니다.

이중적 인간관	삼중적 인간관
· 플라톤적인 이원론의 전망을 갖는다(영혼 – 육체). · 이는 영적인(천상적인) 삶과 육체적인(지상적인) 삶을 구별할 때 사용된다.	· 성경의 전망, 특히 1테살 5,23에 나오는 바오로 사도의 인간 이해에 근거(영 – 영혼 – 육체). · 폐쇄적인 삼중 구조를 지닌 영지주의자들의 인간관에 비해 개방적이며 인간의 변화 가능성을 포함하는 역동적 인간관이다. · '영적 전투'라고 하는 영적 상승의 전망과 연관된다.

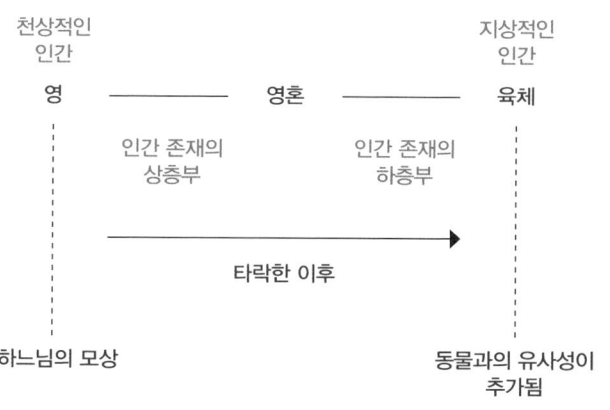

영 (pneuma)	· 영은 인간 안에 현존하는 신적인 요소를 말한다. 오리게네스에 의하면 이 부분은 감흥을 느끼는 부분이 아니다. 그러므로 이 영을 바탕으로 인간의 인격성에 대해 말할 수는 없다. · 영은 영혼을 덕으로 인도하는 교육자 역할을 하며, 하느님의 신비와 그분에 대한 앎을 영혼에게 제시해 준다. · 인간이 선과 악을 행하는 데 관여하지 않는다. · 이 요소는 플라톤적인 인간관에는 없는 부분이며, 반면 영지주의자들은 인간을 영으로만 보았다. 그러나 오리게네스는 이 양자의 중간에 인간을 자리매김했다. · 영은 인간 영혼에게 윤리적인 양심으로 다가서며, 그러기에 일종의 '교육자'이기도 하다. 이 영은 영혼이 더욱더 영적으로 변화하도록 인도자가 되어 준다. · 그러나 영이 인간의 본질을 이루는 근본적인 요소는 아니다.
영혼 (psyche)	· 영과 육체를 통합하는 인간의 인격성이 자리한 인간의 핵심 부분이다. · 영혼은 무엇보다도 인간이 선택할 수 있는 능력을 지닌 '자유 의지'가 있는 곳이다. 그러므로 그의 인격성이 자리하는 곳이다. 그러기에 또한 이 부분은 인간 존재의 본질에 속한다.

영혼 (psyche)	· 그는 이 부분을 '지성'과 동일시하고 있다. 만일 이 영혼이 영으로 나아간다면 '영적인 인간'이 되고, 반대로 육체적인 욕망으로 기울면서 동시에 영의 목소리에 귀를 닫아버리면 '육적인 인간'으로 전락하게 된다. · 그러므로 이 현세 삶에서 영적으로 진보하는 것은 전적으로 영혼의 책임 하에 있다.	
	구조	1. 지성 (nous, 영적 경향성): 자유 의지가 여기에 속한다. 2. 정념 (thumos, 육적 경향성): 사랑하기 위한 욕구 3. 욕구 (apetito, 육적 경향성): 사랑받기 위한 욕구
육체 (soma)	오리게네스는 육체를 인간 존재의 하부 구조에 두고 있다. 그에게 육체는 인간이 피조물이라는 성격을 조건 짓는 징표다. 그는 육체를 두 가지로 구분했다. 하나는 '현세적인 육체'이며 다른 하나는 '부활한 육체'다.	

앞의 도표에서 살펴보았듯이 인간 존재 구조의 상층부('영'과 '영혼')는 두 가지로 구성되어 있으며 각 부분마다 고유한 목적을 갖고 있습니다. 그것을 다시 표로 정리하면 다음과 같습니다.

영	영혼
하느님을 관상하기 위한 목적을 갖는다.	윤리적인 목적을 갖는다. 덕을 통해서 표현된다.
하느님께서 인간에게 주신 선물로서의 측면이 있다.	하느님의 은총을 인간이 받아 안는 협력적인 차원이 있다.
인간에게 있어서 신적인 부분이다.	인간의 인격성이 머무는 곳으로, 자유 의지가 있는 곳이다.

이처럼 오리게네스는 이중적 인간관과 삼중적 인간관을 통하여 인간 이해를 위한 자신만의 독특한 길을 열었습니다.

"귀걸이 드리워진 그대의 뺨과 목걸이로 꾸며진 그대의
목이 어여쁘구려."(아가 1,10)

"뺨은 영혼의 고귀함과 정결함을 간직한 얼굴을 가리킨다.
물론 그 얼굴과 더불어 교회의 지체 가운데서도
정결과 정숙함이라는 훌륭한 실천을 배양하는 지체들을
가리키기도 한다. …… 신랑은 신부에게 입 맞춘 다음,
친히 세례대에서 당신의 신부인 교회를 씻어 주심으로써
아무런 얼룩이나 주름이 없게 하시고 그가 누구인지
알게 하셨다. 이제 그의 뺨은 아름답게 변했다."(오리게네스의
《아가 주해》 제2권)

3.

교회 최초
대학자에게 배우는
영성

1. 신비로운 영성의 표현

3장에서는 오리게네스의 사상과 가르침에 관해 보다 깊은 내용을 이야기하고자 합니다. 몇몇 분들에게는 다소 어려운 내용으로 다가올지도 모르겠습니다.

오리게네스의 작품들은 체계적이며 여러 면에서 조화를 이루는데, 이러한 특징은 다른 영성 작품에서도 그대로 드러납니다. 앞서 언급한 바와 같이, 그의 작품 중에서 주목할 것은 《원리론》입니다. 여기서 오리게네스는 하느님, 인간, 성경에 대한 조직적인 신학 사상을 펼쳤습니다. 그 밖에도 《기도론》, 《순교 권면》, 《아가 주해》를 비롯해 성경에 관해 쓴 일련의 영성적인 강론들과 주해서들이 있는데, 그중에서 특히 《기도론》은 특별한 의미를 갖습니다. 오리게네스는 이 작품을 통해 교회 역사상 처음으로 '주님의 기도'를 해설했기 때문입니다. 그는 이 책을 통해 주님의 기도를 해설하면서 동시에 기도에 관한 제반 문제들을 다뤘습니다. 여기에서는 오리게네스 작품에 나타난 다양한 영성적 표현들을 살펴보겠습니다.

그리스도의 신부인 인간

오리게네스는 자신의 작품 가운데 영혼 안에서 그리스도이신 '로고스(하느님의 말씀)'의 탄생과 성장을 심도 있게 다뤘습니다. 특히 그 이전까지 공동체적인 차원에서 교회를 '그리스도의 신부'로만 바라보던 기존의 시각을 넘어 각 개별 인간에게도 그 호칭을 적용하여 한 인간과 그리스도 사이의 관계를 보다 깊이 있게 승화했습니다. 그리고 이러한 맥락에서 각 개별 인간에게 그리스도는 어떤

분이신지 그 의미를 성찰했습니다. 즉, 그리스도를 통해 중개되는 '구원'의 메시지가 전체적인 차원에서 인류, 교회뿐만 아니라 구체적으로 바로 '나에게' 도달되어야 한다는 겁니다.

성경의 내면화, 자기화, 부모가 됨

오리게네스는 세 가지 차원에서 성경 구절을 묵상해야 한다고 가르쳤습니다. 이는 성경 구절의 '내면화', '자기화', '그리스도의 부모가 되는 것'입니다.

① 성경의 내면화: 오리게네스는 그리스도의 인격과 그분이 전하고자 했던 메시지가 한 신자의 내면에서 심화되어야 한다고 보았습니다. 이러한 내면화 작업은 그가 구원되기 위해 거쳐야 하는 유일한 길이자 가능성으로 드러납니다.

② 성경의 자기화: 오리게네스는 이러한 메시지를 담고 있는

그리스도의 인격 자체를 자신의 것으로 동화시켜야 한다고 가르쳤습니다. 그럼으로써 그리스도께서 우리 각자의 영혼 안에서 탄생하고 자라야 한다는 겁니다. 그는 루카 복음서 2장 52절 "예수님은 지혜와 키가 자랐고 하느님과 사람들의 총애도 더하여 갔다."를 주해하면서 이를 가르쳤습니다. 우리 내면에서 일어나는 이러한 그리스도의 탄생은 마치 성사적인 차원에 비견될 수 있습니다. 각자가 내면에서 일어나는 그리스도의 탄생과 성장을 자신의 것으로 취해야 하는 것입니다.

③ 마지막으로, 오리게네스는 우리 영혼 안에서 일어나는 그리스도의 탄생과 성장이 또 다른 영적인 소명을 드러낸다고 했습니다. 그것은 곧 우리 각자가 그리스도의 아버지와 어머니가 되어야 한다는 것입니다. 우리 모두는 성경 말씀을 묵상하는 가운데 그리스도 말씀의 씨앗을 영혼의 밭에 받아 품고 싹을 틔워야 합니다. 그리고 그 싹을 잘 키워 무성하게 자라도록 해야 합니다. 이러한 영적 여정을 통해 우리가 실현해야 할 목표는 결국 그리스도를 출산하고 키워 내는 그분의 아버지와 어머니가 되는

데 있습니다. 그렇게 될 때 우리는 모든 영혼을 품어 안고 그들의 구원과 성화를 위해 살아가는 인류의 아버지요 어머니가 될 수 있습니다. 성성聖性이 지향하는 궁극적인 목표가 바로 여기에 있습니다.

영적 인간과 영적 감각

오리게네스는 플라톤적인 사고의 틀 안에서 영적인 인간이 활용해야 할 '영적 감각'을 언급했습니다. 그는 '내적 인간'과 '외적 인간' 사이의 상관성에 주목했습니다. 그러기 위해 우선 다양한 측면에서 인간이 지닌 육체적인 감각, 즉 시각, 청각, 촉각, 미각, 후각에 대해 설명했으며 이를 바탕으로 보이지 않는 영혼(내적 인간)이 지닌 영적 감각도 말했습니다. 다시 말해, 육체적인 차원의 감각들이 있다고 한다면, 영적인 차원에서도 그에 상응하는 감각들이 있고, 인간은 이를 바탕으로 예수님과 더욱 깊은 영적인 관계를 맺어 나갈 수 있다고 보았습니다.

이러한 설명은 플라톤적인 전망에 기초를 둔 것입니다. '영혼'이야말로 인간 전체를 대표하고 인간 존재를 하느님께 인도하는 본질적인 요소이며 그 기원은 하느님이라는 사실을 분명히 드러내고 있습니다. 그리고 이러한 영혼이 갖는 영적 감각들이 구체적으로 그리스도를 향해야 한다고 합니다. 즉, 육체의 오감과 마찬가지로, 우리는 영혼이 갖는 오감인 시각, 청각, 촉각, 미각, 후각으로 그리스도의 말씀을 듣고, 그리스도를 만지며, 그리스도를 바라보고, 그리스도를 맛보고, 그리스도의 향내를 맡을 수 있다는 겁니다. 그러므로 '영적 오감'은 총체적으로 그리스도를 느끼면서 그분과의 관계를 심화하기 위해 주어진 것입니다. 우리의 모든 영적 감각이 그리스도를 향해야 하는 것입니다.

오리게네스는 에덴동산에서 살던 첫 인류가 이런 영적 감각들을 지니고 있었다고 합니다. 비록 아담이 원죄를 범함으로써 이 감각들이 무뎌졌지만, 이는 영성 생활을 통해 새롭게 회복될 수 있다고 보았습니다. 이 영적 감각들이 지향하는 목적은 결국 우리 안에 그리스도를 받아들이는 데 있습니다. 그리스도는 인간의 모든 기관에 다가오시며 이로써 영혼의 감각 기관들이 그리스도를 받아들이게 됩니다. 오리게네스는 자신의 작품 가운데 특히 《아가 주해》 제1권을 비롯해 작품 여러 곳에서 이 영적 감각들에 대해, 그리그 그 사용에 대해 자세히 설명했습니다. 이러한 감각 기관들은 하느님의 말씀이신 그리스도를 완전히 받아들일 때까지 높은 단계로 끊임없이 성장합니다.

오리게네스는 《아가 주해》에서 인간이 이런 영적 감각들을 충분히 활용하여 그리스도와 맺고 심화해야 할 관계를 가르쳤습니다. 특히 아가 1장 12절 "임금님이 잔칫상에 계시는 동안, 나의 나르드는 향기를 피우네."라는 구절의 후반부를 다음과 같이 설명합니다.

"영혼의 각 개별 감각에 있어서 그리스도는 고유한 기관이 된다. 사실, 그분은 참된 빛이신데, 이는 영혼의 눈을 밝히 비춰 주는 분이기 때문이다. 그분은 말씀이신데, 이는 영혼의 귀가 들어야 할 분이기 때문이다. 또한 그분은 생명의 빵이신데, 이는 영혼의 미각이 맛봐야 할 분이기 때문이다. 또한 그분을 우의적으로 나르드 향유라 부르는데, 이는 영혼의 후각으로 말씀이신 그리스도의 향내를 맡을 수 있기 때문이다. 따라서 우리는 손으로 그분을 만질 수 있다고 말할 수 있다. 그리스도께서 살이 되신 것은 우리가 내적인 영혼의 손으로 이 생명의 말씀을 만질 수 있게 하기 위함이다."《아가 주해》제2권 11~12절)

본문에서 보듯이, 오리게네스는 '냄새 맡고', '먹고', '만지고', '보고', '듣는 것'을 그리스도께 적용했습니다. 그리고 그리스도께서는 인간 영혼의 영적 기관에 알맞게 변화하신다고 보았습니다. 예컨대 그리스도는 향내, 음식 등으로 변화해서 우리 영혼의 오감 중에 후각, 미각에 적합하게 다가오십니다. 이렇게 그분은 우리가 감지할 수 있는 형태로 다가오시며, 더 나아가 그리스도 친히 우리의 감각 기관이 되십니다. 인간은 이를 받아들일 때 비로소 완전한 사람이 됩니다. 자신의 모든 영적 감각들을 통해 그리스도를 맛보고 배부른 사람은 지혜로 충만하며 덕을 얻게 됩니다. 그리고 그리스도를 직접 알고 사랑하며 보게 됩니다. 그것이 곧 '관상'입니다.

영적 음식들

오리게네스는 영혼을 살찌우는 영적인 음식들도 소개했는데, 이 또한 성경 구절에서 출발합니다. 예컨대, 코린토 신자들에게 보낸 첫째 서간 3장 1절과 2절 "나는 여러분을 영적이 아니라 육적인 사람, 곧 그리스도 안에서는 어린아이와 같은 사람으로 대할 수밖에 없었습니다. 나는 여러분에게 젖만 먹였을 뿐 단단한 음식은 먹이지 않았습니다. 여러분이 그것을 받아들일 수 없었기 때문입니다. 사실은 지금도 받아들이지 못합니다." 베드로의 첫째 서간 2장 2절과 3절 "갓난아이처럼 영적이고 순수한 젖을 갈망하십시오. 그러면 그것으로 자라나 구원을 얻을 것입니다. 주님께서 얼마나 인자하신지 여러분은 이미 맛보았습니다."라는 구절이 대표적입니다. 이 영적인 음식들은 인간의 상태에까지 내려와 그를 먹이고 살찌우는 그리스도의 내려오심을 표현하는 상징들입니다.

그리스도	풀	→	동물적 인간	인간
	우유	→	어린아이	
	약	→	병자	
	살 단단한 음식	→	영적 인간	

우유	신앙의 초보자에게 필요한 음식
약	유다인에게 필요한 음식
단단한 음식	신앙에 진보한 사람에게 필요한 음식

영적 결혼

성경에는 '결혼'이란 주제가 다양한 맥락에서 드러납니다. 성경 전문가였던 오리게네스는 다양한 영성 주제를 성경과 연계하면서 정당화하려 했습니다. '결혼' 역시 마찬가지입니다. 구약 성경에서는 호세아서와 아가, 그리고 신약 성경에서는 특히 에페소서 3장에서 이 주제가 잘 드러납니다. 이러한 성경 본문들은 하느님과 그분 백성 사이의 정배적인 사랑의 관계를 묘사하고 있습니다.

그러나 사실 '결혼'이란 주제는 영지주의자들이 사용한 상징이기도 했습니다. 오리게네스는 이 용어를 잘못 사용한 영지주의자들을 반박하는 의미에서 이 주제를 심도 있게 풀어 나갔습니다. 오리게네스는 역사상 처음으로 구약 성경의 아가를 주해한 인물입니다. 앞서 설명한 것처럼 그는 하느님과 교회라는 집단의 범위를 넘어서 개별 신자와 그리스도의 내밀한 관계를 표현하는 데에도 '결혼'을 사용했습니다. 이는 오리게네스의 독특한 영성적인 발명이라고 할 수 있습니다.

오리게네스는 이미 아가와 관련된 유다교적인 전통에 관해 잘 알고 있었습니다. 유다교 전통에 따르면, 아가를 비롯해 탈출기 일부분과 창세기 일부분을 아이들에게 읽어 주지 않았다고 합니다. 거기에는 남녀 간의 사랑을 묘사하는 원색적인 표현들이 담겨 있기 때문입니다. 하지만 오리게네스는 이런 텍스트들을 영성적으로 해석하면서 완전한 인간, 영성적인 인간의 '영적 진보'를 설명했습니다.

아가에 등장하는 인물은 그리스도 안에서 이미 성숙한 영혼이자, 자기 자신을 그리스도의 정배로 이해하고 있습니다. 오리게네스는 아가를 주해하면서 구약 성경 중 지혜 문학에 속하는 잠언, 집회서를 중요시했습니다. 그는 이 세 권에 등장하는 '신부'를 전통에 따라 '교회'이자 '개별 인간'으로 보았으며, 이 선상에서 그리스도와 교회, 그리스도와 인간을 혼인의 관계로 보았습니다.

한마디로, 아가는 다른 두 작품, 즉 잠언, 집회서와 별개로 읽거나 해석해서는 제대로 그 의미를 알아들을 수 없으며, 이 작품들과 서로 연관해서 보아야 한다는 겁니다. 그리고 인간의 영적 단계에 따라 그에 적합한 성경이 있다고 보았습니다.

성 경	영적 단계	앎의 정도
잠 언	초보자	윤리적인 앎
집회서	진보자	형이상학적인 앎
아 가	완덕자	관상

오리게네스에게 아가는 지극히 신비적이며 영성적인

작품이었습니다. 그래서 그 안에 담긴 문자적인 의미를 넘어 영성적인 의미를 찾아 설명했습니다. 이는 당시 우의적 성경 해석을 따르지 않은 안티오키아 학파 교부와는 다른 독특한 가르침입니다. 그들은 성경에 담긴 영성적인 의미보다는 문자 그 자체에 대한 의미에 집중했습니다. 그들에게 아가는 전혀 신비적인 작품이 아니었습니다.

사랑의 상처

우리는 오리게네스의 《아가 주해》에서 인간 마음 안에 사랑의 상처를 입히는 신성한 화살에 대한 이야기를 찾아볼 수 있습니다. 오리게네스는 다음 두 구절을 인용해서 이를 설명합니다. "사랑에 겨워 앓고 있는 몸이랍니다."(아가 2,5), "나를 날카로운 화살처럼 만드시어 당신의 화살 통속에 감추셨다."(이사 49,2) 여기서 특히 아가 2장 5절의 한글 번역본인 "사랑에 겨워 앓고 있다."는 말은 본래 '사랑의 상처'라는 말입니다. 오리게네스는 이 표현을 바탕으로 하느님과 인간 사이의 신비적인 사랑을 설명했습니다. 그에 따르면, 이 구절들은 그리스도에 대한 신비롭고도 비밀스러운 앎이 인간 안에 일으키는 깊은 영향을 표현합니다. 다시 말해, 그리스도에 대한 앎이 마치 화살을 맞은 것처럼 인간 마음에 깊은 사랑의 상처를 냈다는 말입니다.

그렇다면 이 '사랑의 상처'가 지닌 의미는 무엇일까요? 이는 다름 아닌 신비적인 결혼의 징표입니다. 쉽게 말해 두 연인이 오랜 시간 연애를 하고 마침내 결혼을 하게 되면, 반려자에 대한 사랑의 징표로 결혼 예물을 나눠 갖습니다. 오리게네스가 말하는 '사랑의 상처'는 어떤 사람이 예수님과 영적으로 결혼의 단계에 이르렀다는 것을 드러내는 징표라고 할 수 있습니다. 그도 그럴 수밖에 없는 게 진심으로 주님을 사랑하는 사람의 마음속에는 그분이 아니시면 그 무엇으로도 채워질 수 없는 깊은 사랑의 열망, 사랑의 공간이 자리하고 있습니다. 그런데 주님께서 사랑의 불화살로 그곳을 건드리시면 그 마음은 마치 사랑하는 연인이 사무치게 그립다 못해 깊은 상처로 인해 신음하며 죽어 가는 사람처럼 보이는 것입니다.

사랑의 입맞춤

또한 오리게네스는 아가 1장 2절의 "아, 제발 그이가 내게 입 맞춰 주었으면!"이라는 구절을 하느님과 인간 사이의 사랑의 관계에 빗대어 신비적으로 해석하기도 했습니다. 문자적인 의미로만 본다면, 여기서 드러나는 '입맞춤'은 남녀 사이의 사랑의 표현으로 볼 수 있습니다. 하지만 오리게네스는 교회적인 차원에서 볼 때, '입맞춤'이 교회 구성원들 간의 사랑의 친교를 의미한다고 보았습니다. 그리고 여기서 한 발 더 나아가 하느님과 인류 사이의 만남, 사랑의 친교를 보았습니다. 그 만남과 친교의 중심에 그리스도께서 계시며, 따라서 그분이 이 세상에 강생하신 사건이야말로 하느님께서 인류에게 건네시는 사랑의 '입맞춤'인 것입니다. 한편, 인류 편에서는 강생을 통해 우리 곁에 다가오시는 그리스도를 맞아들일 때와 그분께 사랑의 응답을 드릴 때, 그분께 입을 맞춰드리는 것이라고 오리게네스는 말합니다. '입맞춤', '키스'는 사랑하는 두 연인에게 지극히 함축적인 의미를 지닙니다. 단순히 사랑한다는 의미에서부터 상대방을 원한다는 의미, 상대방의 사랑을 받아들인다는 의미, 그리고 마침내 서로가 사랑으로 일치해서 완전히 하나가 되고 싶다는 의미까지, '입맞춤'은 두 연인 간의 사랑의 시작부터 완성까지 모든 역동적인 과정을 집약적으로 보여 줍니다.

오리게네스는 이처럼 지극히 인간적인 사랑의 표현으로부터 시작해서 하느님과 인간 사이의 신비적인 사랑으로 우리를 인도합니다. 오리게네스는 하느님께서 당신 아드님을 이 세상에 보내심으로써 인류에게 영원한 입맞춤을 건네셨다고 보았습니다. 그러나 이러한 그분의 사랑은 단 한 번으로 끝나지 않고 역사 내내 이어졌습니다.

오늘 우리는 미사성제에서 사제의 손을 통해 새롭게 성체의 모습으로 우리에게 다가와 입맞춤을 건네시는 주님을 만날 수 있습니다. 단순한 입맞춤이 아니라 당신의 살과 피까지 내어 주시는 주님, 그래서 우리에게 먹혀서 우리 자신과 하나가 되고 싶은 사랑의 최고 표현을 주님은 매일 미사를 통해 우리에게 보여 주시며 우리를 향한 사랑을 고백하십니다.

사랑하는 임의 먹이가 됨

'먹이'라고 하는 표현 역시 아주 상징적입니다. 흔히 사랑하는 사람들 사이에서는 자신을 완전히 내어 주는 모습이 '먹이', '밥'의 형태로 표현되곤 합니다. 사랑의 절정에 이르게 되면 사랑하는 사람의 이에 갈려 그 사람의 몸에 완전히 흡수됨으로써 온전히 하나 되고 싶은 열망이 일어날 수 있습니다. 사랑에 미치다 못해 극에까지 이른 사랑의 최고 절정이 이 상태가 아닐까 싶습니다. 2세기경 안티오키아의 이냐시오 성인은 로마로 순교하러 가던 길에 자신을 구명하려던 신자들을 꾸짖었는데, 거기에는 성인의 열절한 염원을 볼 수 있습니다. "맹수의 이빨에 갈려 주님의 밀알로 새로 태어나려 하는데, 왜 저를 막으려 하십니까."라며 자신을 말리지 말라고 신자들을 타일렀습니다. 주님을 향한 깊은 사랑에 빠진 사람, 아니 그분을 향한 사랑에 미친 사람만이 알아들을 수 있는 사랑의 밀어密語가 '먹이', '밥'이 아닐까 싶습니다.

사랑의 불화살

오리게네스가 가르친 '사랑의 상처'라는 표현은 '사랑의 불화살'이란 상징과 연계되어 소개되곤 했습니다. 이러한 상징들은 가타리나 성녀, 예수의 데레사 성녀 같은 후대의 여러 신비가들의 하느님 체험에서 드러나는 전형적인 표현입니다. 이와 관련해서 하느님을 향한 영적 여정을 그 최고봉에까지 아주 구체적으로 전해 주는 예수의 데레사 성녀의 설명은 인상적입니다. 성녀는 이에 관해 다음과 같이 전합니다.

"나는 긴 금 화살을 손에 든 천사를 보았습니다. 그 화살 끝에는 조금 불이 붙어 있는 것처럼 보였습니다. 그는 그것을 내 심장에 여러 번 찔러서 창자까지 꿰뚫는 것 같았습니다. 그리고 화살을 뺄 때는 내장마저 다 빼 간 것 같았으며, 나를 하느님의 위대하신 사랑으로 온통 타오르게 했습니다. 그 고통이 너무나 심해서 신음 소리가 나왔습니다. 그리고 심한 고통이 가져온 감미로움이 너무나도 뛰어나서, 영혼은 그 고통이 멎기를 원하지도 않고 하느님보다 못한 것으로는 만족하지도 않습니다. 그것은 육체적 고통이 아닙니다. 영신적인 것입니다. 그렇기는 하나 육체도 어느 정도, 때로는 상당히 많이 여기에 참여합니다. 이것은 하느님과 영혼 사이에 이루어지는 매우 감미로운 사랑의 대화로, 나는 내가 거짓말을 하고 있다고 생각하는 이들에게 이 은혜를 맛보게 해 달라고 주님의 자비에 간곡히 애원하고 있습니다. 이 은혜가 계속되는 며칠 동안, 나는 거의 무아지경에 있는 듯했습니다. 나는 누군가를 보고 싶어 하거나 말하고 싶지도 않았으며, 오로지 내 고통을 소중히 끌어안고 싶었을 뿐입니다. 왜냐하면 그것은 나에게 모든 피조물이 줄 수 있는 영광보다 더 큰 영광이었기 때문입니다."(예수의 데레사 성녀, 《자서전》, 29장 13~14절)

이 글은 오리게네스가 오래전에 언급한 '사랑의 불화살', '사랑의 상처' 같은 신비적인 상징어를 더할 나위 없이 우리에게 잘 설명해 주고 있습니다.

사실, 이 정도는 아니라 해도, 하느님을 향해 구원의 여정에 들어선 수도자들을 포함해 적지 않은 사제, 평신도들 역시 이 상태에 이르고 싶은 열망이 있으리라 생각합니다. 물론, '사랑의 불화살', '사랑의 상처' 같은 것은 하느님께서 당신이 원하시는 영혼에게 필요에 따라 그 영혼의 유익을 위해 베푸시는 특별한 은총 선물입니다. 그러나 인간은 은총을 받기 위해 혼신을 다해 자신을 준비하며 갈고 닦아야 합니다. 사랑의 근원이자 우리 인생의 궁극적 사랑이신 하느님, 그분과 함께 온전히 사랑으로 일치하는 것이야말로 인간에게 최고의 행복을 선사해 줍니다.

우리가 이 현세의 여정에서 만나 사랑하는 사람들은 하느님께서 선사해 주신 동반자일 뿐입니다. 한 줌의 재로 사라져 버리고 말 한 남자, 한 여자가 내 인생의 최종 목적이 될 수도 없고, 내 안에 깊이 각인된 영원하고 충만한 사랑에 대한 열망을 잠재워 줄 수도 없습니다. 오직 하느님만이 인간이 태생적으로 가진 이 사랑의 열병을 치유해 줄 수 있습니다. 그래서 진심으로 하느님을 열망하는 사람들에게 아우구스티노 성인의 다음 말은 더 깊이 공감을 불러일으키지 않나 싶습니다.

"주여 당신 위해 우리를 내시었으니 우리 마음이 당신 안에 쉬기까지 안식이 없나이다."

"나의 연인은 내게 몰약 주머니 내 가슴 사이에서
밤을 지내네."(아가 1,13)

"하느님의 아드님이 육(肉)이 되어 오심을 몰약 방울이라
하고, 이를 아주 작고 사소한 어떤 것으로 정의할 수
있다면 …… 다니엘은 그분을 일컬어 사람의 업적을
통해 이루어지지 않은 산에서 떼어 낸 작은 돌이 거대한
산이 되셨다고 설명했다. …… 혼인의 드라마에서 말할 수
있듯이, 신부는 자기 연인이 몰약처럼 자기 가슴 사이에서
쉰다고 말한다. 앞서 언급한 바와 같이, 가슴은 심장의
주요 기관을 가리키는 것으로, 교회는 그에 힘입어
그리스도를 지니며 영혼은 자신의 열망과 깊이 연결된
하느님의 말씀을 지니게 된다."(오리게네스의 《아가 주해》 제2권)

2. 관상과 활동 중 어느 것이 중요한가?

오리게네스의 영성적 전망이 궁극적으로 지향하는 목적은 하느님에 대한 지복직관, 즉 그분에 대한 관상에 있습니다. 따라서 '관상'을 이해하는 것은 오리게네스의 영성 세계를 살펴보는 데 핵심적인 사안입니다. 이러한 그의 관상적 전망은 플라톤 철학으로부터 일정 부분 받은 유산이기도 합니다.

플라톤 철학에서 본 관상

전통적으로 그리스 철학에서 '관상contemplatio'은 중요한 주제로 여겨져 왔습니다. 특히 플라톤 철학에서는 인간 존재가 궁극적으로 도달해야 할 소명을 '관상'이라고 보았습니다. 플라톤의 인간관에 따르면, 본래 인간은 이데아 세계 또는 신들의 세계에서 신들을 관상하며 행복하게 살고 있었습니다. 그러나 죄를 짓고 타락하면서 이 세상으로 추락하게 되었으며, 그 과정에서 물질을 덧입게 되었는데, 그것이 '육체'입니다. 플라톤은 이렇게 인간이 덧입게 된 '육체'를 '영혼'의 감옥으로 보았습니다. 그는 육체와 관련된 모든 것, 예컨대 식욕, 성욕과 같은 육체적인 욕망을 인간을 죄로, 지옥으로 이끄는 안내자로 보았습니다. 그래서 플라톤은 이를 절제해야 한다고 가르쳤습니다.

플라톤이 육체를 영혼의 감옥으로 본 데에는 그의 이원론적인 인간 이해가 자리 잡고 있습니다. 그는 인간의 본질을 '영혼'으로 보았으며 '육체'는 배제했습니다. 영혼이 곧 인간이라고 보았던 겁니다. 더 나아가 그는 인간에게 본질 중의 본질, 인간을 인간이게끔 하는 가장 핵심적인 요소를 '지성intellectus'이라고 했습니다. 즉, 지성적인 관점에서 인간을 이해했습니다.

'지성'을 본질로 하는 '영혼'으로서의 인간, '육체'라고 하는 감옥에 갇혀 있는 인간은 이 세상에서 유배를 살아갑니다. 플라톤에 따르면, 이러한 인간이 이 세상에서 해야 할 궁극적인 소명은 다름 아닌 자신이 본래 살던 천상 본향으로 돌아가는 일입니다. 또한 거기서 신들의 세계를 관상하는데 인간의 충만한 행복이 있다고 플라톤은 전합니다. 이쯤 되면 어디서 많이 들어 본 이야기들이 아닐까 싶습니다. 그렇습니다. 우리 그리스도교에서 가르치는 인간의 운명과 비슷하게 보입니다. 물론 정확히 일치하는 것은 아니지만, 이런 비슷한 인간관 때문에 초대 교회의 여러 교부들, 특히 오리게네스는 인간에 대한 플라톤의 전망을 신앙의 가르침에 부합하는 한에서 그리스도교적인 인간 이해, 영성과 접목해서 가르쳤습니다.

관상은 인간의 소명입니다

그러면 인간은 어떻게 해야 이 유배에서 벗어나 육체라는 감옥을 탈출해서 신들이 사는 세계로 갈 수 있을까요? 플라톤에 따르면, 인간의 영혼 안에는 저 세상에 대한 기억이 남아 있다고 합니다. 다만, 이 세계로 추락하면서 그 기억을 잠시 잊어버렸을 뿐입니다. 그래서 인간은 저 세상에 대한 기억을 되살려야 한다고 보았습니다. 이를 일컬어 '상기설想起說'이라고 합니다. 기억을 되살리면서 동시에 저 세상에 대한 그리움, 사랑을 일으켜야 합니다.

플라톤은 이데아 세계, 신들의 세계를 향한 사랑을 '에로스eros'라고 불렀습니다. 흔히 '에로스'하면 관능적인 사랑으로만 생각하지만, 본래 이 말은 인간의 영혼 안에 잠재되어 있는 신들의 세계를 향한 그리움과 사랑을 가리켰습니다. 그래서 인간의 영혼 안에 잠재된 이 '사랑의 불꽃'이 활활 타오르면, 신들의 세계를 향해 날아오르게 해 주는 영적인 날개가 생긴다고 합니다. 오리게네스는 이러한 플라톤의 가르침을 자신의 것으로 소화하여 인간의 운명에 관해 설명했습니다. 그리하여 후대의 교부들과 영성가들에게 영향을 끼쳤습니다. 각 시대를 풍미했던 여러 영성가들의 영적 체험과 가르침들을 보면, 플라톤의 인간관을 바탕으로 영성적인 비전을 제시한 오리게네스의 거시적인 전망이 배경처럼 깔려 있는 것을 볼 수 있습니다.

오리게네스가 전하는 인간이 도달해야 할 궁극적인 목적 중 하나는 '하느님에 대한 관상', '하느님을 보는 것'이며 '거짓 영지'에 맞서 '참된 영지'에 이르는 것입니다. 이는 플라톤이 주장한 신들의 세계 곧, 이데아 세계를 관상하는 것의 그리스도교 버전이라 할 수 있습니다. 그런데 오리게네스는 하느님에 대한 이런 관상은 인간의 윤리적인 행위의 진보와 긴밀하게 연결되어 있다고 합니다. 그래서 앞서 살펴보았듯이, 오리게네스는 성경 구절이 담고 있는 의미가 3가지(문자적 의미, 윤리적 의미, 신비적 의미)이며, 각 구절의 의미를 깊이 알아 가는 것이 영성적인 진보와 함께 간다고 본 것입니다. 쉽게 말해 신앙생활을 잘하는 사람이 그만큼 성경에 담겨 있는 깊은 의미를 알아들을 수 있다는 겁니다. 그리고 성경 구절의 의미를 알아 가는 여정의 최종적인 종착지는 '신비' 그 자체이신 '하느님'을 아는 것, 더 나아가 하느님을 관상하는 데 있습니다.

이런 오리게네스의 가르침은 당대를 비롯해 후대 수도자들의 영성적인 삶에 영향을 주었으며, 특히 오늘날 말하는 '거룩한 독서lectio divina'의 이론적 근거가 되었습니다. 거룩한 독서가 지향하는 것은 결국 하느님 말씀에 대한 묵상을 통해 예수님을 관상하는 데까지 이르는 것이기 때문입니다.

영성 생활에서 활동의 중요성

오리게네스는 영성 생활에서 '관상'만이 아니라 '활동'의 중요성도 강조했습니다. 그는 진정 영성적인 사람은 자신이 관상한 신비적인 앎을 구체적으로 삶 안에서 실천한다고 가르쳤습니다. 또한 이렇게 실천할 때 신비적인 앎은 더욱더 진보하고 완성되어 간다고 보았습니다. 그러므로 '관상'과 '활동'은 별개의 것이 아니라 서로가 서로를 보완

하는 긴밀한 관계에 있습니다. 오리게네스는 여러 작품을 통해 '관상'과 '활동' 간의 조화에 대해 다양하게 설명했습니다. 복음서에서 전하는 가난한 과부의 동전 두 닢을 관상과 활동에 빗대어 설명했으며, 요한 복음서 1장 39절에 나오는 '먹다'와 '마시다'라는 동사, '오다'와 '보다'라는 동사를 통해 설명하기도 했습니다. 또한 구약에 나오는 야곱과 이스라엘, 신약에 나오는 마리아와 마르타를 관상과 활동을 대표하는 인물로 꼽기도 했습니다.

시대마다 '관상'을 중요시하고 '활동'을 상대적으로 소홀히 하던 시절이 있었던 반면, 그 반대인 시절도 있습니다. 예컨대, 중세 교회에서는 전체적으로 세속적인 것에 대해 평가 절하하곤 했습니다. 반면, 거룩한 것, 종교적인 것에 대해서는 높게 평가했습니다. 오직 하느님만이 영원불변하시며 그것만이 가치 있다는 극단적인 분위기가 팽배했던 것입니다. 후대 사람들은 그 시대를 '하느님 중심적인 시대'라고들 말합니다. 어차피 이 세상은 잠시 지나가는 곳으로, 우리가 영원히 살아갈 고향이 아니라 유배지에 불과하니 아무런 마음도 정도 두지 말고 세상에서 무슨 일이 일어나든 그저 제3자의 입장에서 방관자로 살면 된다는 식입니다.

물론 일면 공감되는 부분도 있지만, 한쪽 면만을 극단적으로 해석해서 표현하기에 상당히 위험한 발상입니다. 이 말대로라면, 이 세상에 무슨 일이 일어나든, 설령 그것이 사람의 목숨과 관련된다 해도, 손가락 하나 까딱하면 안 됩니다. 또한 열심히 살 필요도 없습니다. 대충 즐기며 살면 그만입니다. 모든 게 다 그림자이며 허무에 불과하기 때문입니다.

이와 달리, 오늘날에는 지나치게 '활동'만 강조하는 경향이 상당히 있습니다. 활동을 통해 표현되지 않는 것, 눈으로 보이지 않는 것은 모두 가치가 없다는 식입니다. "중요한 것은 눈에 보이지 않는다."라는 《어린 왕자》의 한 구절을 굳이 언급하지 않아도, 우리 주위에는 눈에 보이지 않는 중요한 것들이 참 많습니다. 사랑, 우정, 명예, 신앙, 거룩함, 박애 등과 같이 말입니다. 그러나 우리는 과학 기술이 발전하여 외적으로 측량될 수 있는 것들만을 가치 있게 여기는 시대에 살고 있습니다.

교회 내에서도 보면, 중세 때 중요한 가치로 평가받던 저세상, 천국, 하느님 나라가 머나먼 미래에 죽음 이후에나 접할 수 있는 어떤 신비로운 실재가 아니라, 이미 우리가 몸담고 사는 이 세상에서부터 시작되고 완성되어 간다는 생각, 그래서 이 세상을 결코 부정적인 것, 죄스러운 것들만이 판을 치는 공간으로만 여길 게 아니라 하느님의 나라가 싹이 트고 완성되어 가는 소중한 공간이라고 보는 사고가 대세입니다.

여기까지는 건강한 신앙의 관점에서 허용될 수 있지만, 이보다 더 나아간 모습들은 아니다 싶을 때도 있습니다. 한창 독재 정권이 판을 치던 남미 여러 나라에서 해방 신학이 대세였던 시절이 있었습니다. 독재 정권 타도를 외치며 무력 투쟁에 나서는 모습에서부터, 더 나아가 하느님의 은총을 배제한 채, 인간 자신의 손으로 하느님 나라를 이 땅에 온전히 실현하려는 태도는 건강한 신앙생활에서 떨어져 있습니다. 또한 모든 것을 물질적인 가치로 환원하려는 계산적인 모습, 일종의 물질적인 축복의 형태로 응답을 받아야 직성이 풀리는 모습, 더 나아가 신앙이나 내세를 멀리한 채 현세적인 행복만을 추구하려는 모습, 이 모든 게 외적으로 측량될 수 있는 가치만을 소중히 여기는 현대의 서글픈 단면이 아닐까 합니다.

교회 내에서 알게 모르게 퍼진 잘못된 편견 중에는 사도직을 통해 사회와 교회에 실제적인 도움을 주는 신앙 활동만이 가치가 있고, 기도와 묵상 등은 별 의미가 없다는 태도도 있습니다. 그러나 이는 수도 생활이 지향하는 근본적인 가치를 전혀 이해하지 못하는 태도가 아닐 수 없습니다.

오랜 역사를 통해 많은 교황들은 그리스도교가 지향하는 정수인 하느님과의 사랑의 일치, 그리고 여기에 이르기 위해 수덕적인 삶에 온전히 봉헌된 봉쇄 수도자들의 삶을 두고 교회의 혼맥을 잇는 신비스러운 보석이라 부르며 소중히 여겨왔습니다. 겉으로 드러나 보이진 않지만 교회의 심장 역할을 하는 교회의 지체가 봉쇄 관상 수도원들입니다.

관상과 활동의 조화

건강한 영성에는 관상과 활동이 조화롭게 자리하고 있으며 어느 한쪽으로 치우쳐 있지 않습니다. 하느님에 대한 진정한 관상에 이른 사람은, 자신이 체험한 하느님 사랑, 하느님의 자비, 하느님의 좋으심을 자기 혼자만의 것으로 남기지 않고 모든 사람과 나누기 위해 세상으로 나아가 외칩니다. 우리가 믿고 고백하는 신앙은 나 혼자만

배불리 먹고, 나 혼자만 좋은 것을 누리며 혼자 천국 가서 행복하게 사는 이기적인 신앙이 아닙니다. 하느님은 모두가 영원한 행복을 누리길 원하시는 분, 그래서 우리 모두가 구원되길 원하시는 분, 우리 모두의 아버지이십니다.

수도 생활과 관련해서 그런 말들을 자주 합니다. "수도자는 존재 그 자체로 하느님과 교회를 위해 봉헌된 사람이다." 맞는 말입니다. 그러나 이 말에는 관상이라는 반쪽짜리 진리만 담겨 있고 활동이라는 나머지 반쪽을 배제하는 위험한 발상이 도사리고 있습니다. 여기에는 또 다른 요소가 고려되어야 합니다. 단순히 봉헌되고 존재하는 것만으로 끝나서는 안 되고, 그다음 "무엇을 하며 존재하는가?", "어떤 방식으로 존재하는가?" 하는 차원이 고려되어야 합니다. 단순히 존재한 채 아무것도 하지 않는다면 존재의 의미가 퇴색될 수밖에 없습니다. 존재 그 자체로 봉헌된다는 수도자의 정체성에 '관상적인 측면'이 담겨 있다면, 어떤 방식으로 존재하는가 하는 차원에는 '활동적인 측면'이 담겨 있습니다. 사랑하는 사람은 아무것도 하지 않은 채 가만히 있지 않고 다양한 방식으로 사랑하는 사람에게 자신의 사랑을 표현합니다. '사랑'이 관상이라면 그 표현 방식이 바로 '활동'입니다. 그러므로 사랑은 표현될 때 완성되고, 이 표현을 통해 더욱 성장할 것입니다.

이런 의미에서 오리게네스는 영성 생활이 갖는 중요한 두 축, 관상과 활동의 관계가 내포한 깊은 의미를 성찰하고 제시한 첫 번째 신학자라고 할 수 있습니다. 또한 그의 이러한 가르침은 1,800년이 지난 오늘날에도 여전히 유효합니다.

예수님께서는 열두 사도를 부르시고 그들이 복음을 선포하도록 세상에 파견하셨습니다. 그러나 파견하기 전에 주님은 먼저 그들을 당신 곁에 두셨다고 복음서는 분명히 전합니다. "예수님께서 산에 올라가신 다음, 당신께서 원하시는 이들을 가까이 부르시니 그들이 그분께 나아왔다. 그분께서는 열둘을 세우시고 그들을 사도라 이름하셨다. 그들을 당신과 함께 지내게 하시고, 그들을 파견하시어 복음을 선포하게 하셨다."(마르 3,13-14) 주님께서 제자들을 먼저 당신 곁에 두신 것은, 그들이 당신 곁에 머물면서 당신의 좋으심을 경험하도록 하기 위해서입니다. 복음 선포의 핵심은 하느님 나라가 왔다는 것이지만, 사실 하느님 나라의 핵심은 예수 그리스도 그분 자체입니다. 그분이 하느님 나라입니다. 그러므로 제자들이 먼저 알아들어야 할 것은 그리스도께서 누구신지 하는 점이며, 그분과 더불어 깊은 인격적 관계를 맺고 그분의 좋으심을 맛 들여야 하는 겁니다. 그럴 때 비로소 세상에 파견되어 진정한 하느님 나라를 선포할 수 있을 것입니다.

그러므로 순서적으로 볼 때 먼저 '관상'이 있고, 그다음 이를 바탕으로 '활동'이 있어야 합니다. 보이는 것만이 가치 있는 것으로 평가받는 세상입니다. 그러나 수많은 활동에 진정한 의미를 부여하는 것은 활동 전과 후에 감실 앞에서 갖는 고요의 시간, 그분을 대면하는 관상의 시간입니다. 또한 기도가 아무리 좋다 해도 그것만으로는 부족합니다. 세상 사람들에게 복음을 전하고 주님의 사랑을 알려야 합니다. 영성 생활은 관상과 활동이 함께해야 건강합니다.

살펴보기

플라톤의 정념과 그리스도교 영성

플라톤의 가르침은 교부들에게 받아들여지는 가운데, '정념(情念, passio)'에 대한 정화라는 가르침으로 정착됩니다. 즉, 인간이 하느님께 나아가려면 자신의 '정념'을 정화해야 한다는 겁니다. 이는 후대의 여러 신학자, 성인들에 의해 다양하게 분화되면서 반복적으로 소개되곤 했습니다. 토마스 아퀴나스 성인은 인간의 욕구 중에 '감각적 욕구'에서 다음과 같은 11가지 정념이 유래한다고 보았습니다. 즉 사랑, 바람, 기쁨, 미움, 도피, 고통, 희망, 대담함, 분노, 절망, 두려움입니다. 또한 십자가의 요한 성인은 이에 대한 정화를 영성 신학적인 차원으로 심화했습니다.

오늘날 용어로 이 '정념'을 뭐라 표현할 수 있을까요? 학계에서는 이 'passio(파시오)'라는 말을 다양하게 번역해 왔으며 오늘날에도 여전히 통일되어 있지 않습니다. 통상 이 말은 열정, 격정, 정념 등으로 번역되어 왔습니다. 최근 토마스 아퀴나스 성인의 《신학대전》을 번역하면서(필자도 이 번역에 참여하고 있습니다.) 이를 '정념'으로 정했으며, 저 역시 이에 따라 이 용어를 그대로 사용하고 있습니다. 다만, 내용적으로 볼 때 사람들에게 더 쉽게 다가갈 수 있는 또 다른 표현으로 '감정'도 제시하고 싶습니다. 쉽게 말해 이 말은 유교에서 말하는 사단칠정四端七情, 즉 '희노애락애오욕喜怒哀樂愛惡慾'과 비슷하다고 할 수 있습니다. 인간이 살아가면서 느끼는 모든 감정을 담는 말이 바로 'passio'입니다. 스토아학파에서는 수련을 통해 이런 감정들을 잘 절제함으로써 평정심의 상태에 이르는 것을 목표로 삼았다고 합니다. 그러나 교부들을 비롯한 영성가들에게는 단순히 평정심에 이르는 상태가 삶의 목적이 아닙니다. 그들은 '하느님과의 사랑의 합일'이라는 가슴 뜨거운 상태에 이르는 것을 지향했습니다. 또한 하느님을 지복직관하는 것, 즉 하느님을 관상하는 데 삶의 궁극적인 목적이 있다고 보았습니다. 수많은 성인 성녀들은 하느님의 얼굴을 한 번 뵙는 것을 그토록 열망하며 평생을 살았습니다.

"여러분, 건포도 과자로 내 생기를 돋우고 사과로
내 기운을 북돋아 주셔요. 사랑에 겨워 앓고 있는 몸이
랍니다."(아가 2,5)

"이 상처로 하느님께서 영혼들에게 타격을 입히셨으며,
사랑의 화살로 그들을 관통하셨다.
이는 구원을 가져다주는 타격으로 그들에게 상처를 남기셨
음을 알려 준다. 하느님은 사랑이시기에,
영혼들은 다음과 같이 말한다. '사랑에 겨워 앓고 있는
몸이랍니다.'"(《아가 주해》, 제3권)

3. 이스라엘 사막 여정에서 우리의 길을 찾을 수 있습니다

오리게네스가 집필한 작품 중에는 천상을 향해 현세를 순례하는 인간의 영적 여정을 잘 보여 주는 걸작이 있습니다. 바로《탈출기 강해》와《민수기 강해》입니다. 오리게네스는 이 작품들을 통해 인간이 천상 본향을 향해 걸어가는 현세의 삶을 이스라엘 민족이 이집트를 탈출해 하느님께서 약속하신 땅 가나안에 이르기까지 거쳤던 40년간의 사막 여정에 비유하여 설명했습니다. 사실, 이스라엘이 거쳤던 힘겹고 고통스러웠던 사막 여정은 그들이 진정한 '하느님의 백성'으로 거듭나기 위한 진통의 시간이었습니다. 그들은 바로 이 시간을 통해서 계약을 맺고 참된 하느님의 백성으로 탄생했으며, 수많은 시련과 유혹 그리고 낯선 이민족들과의 전쟁을 치르는 가운데 영적으로 성장해 갔습니다. 그래서 가나안에 이를 무렵에는 어느 정도 하느님 백성에 걸맞은 품격과 성숙함을 갖추게 되었습니다.

사실, 신앙의 여정은 삶이라는 사막을 거치며 하느님의 신비를 끊임없이 발견해 가는 여행과 같습니다. 우리는 그 삶 속에서 수많은 만남과 사건을 통해 끊임없이 신앙의 도전을 받으며 살아갑니다. 마치 이스라엘 민족이 사막에서 수많은 사건을 통해 시험을 거쳤듯이, 우리 역시 매일의 삶 속에서 시련과 유혹을 거치며 하느님의 백성에 걸맞은 품격과 성숙함을 키워 가고 있습니다.

하느님은 이런 일련의 사건들을 통해 당신이 누구신지 그 모습을 조금씩 보여 주십니다. 그래서 이 현세의 여정은 어찌 보면 하느님의 모습을 조금씩 발견해 가는 신비로운 모험이라고 할 수도 있습니다. 우리는 이 여정에서 긍정적인 성장의 모습만 발견하는 게 아닙니다. 오히려 한계, 부족함, 심지어 주님께 불평하고 그분을 배반하는 모습도 보게 됩니다. 약속의 땅을 향해 40년을 걸었던 이스라엘 사람들의 모습에서 우리는 천상 본향을 향해 나아가는 우리의 모습을 투영해서 보게 됩니다. 그리하여 그들과 더불어 공감하는 가운데 어떻게 우리 각자의 사막을 건널 수 있는지 그 비결을 배울 수 있습니다.

뛰어난 영적인 감각을 지닌 오리게네스는 일찍이 이 점을 간파했고, 다양한 이야기를 《탈출기 강해》와 《민수기 강해》에서 깊이 있게 풀어냈습니다. 특히 이 작품들을 통해 하느님과의 사랑의 합일을 향해 나아가는 교회 공동체, 그리고 구체적으로는 개별 인간의 영적 진보 과정에 관해 설명했습니다. 이를 위해 오리게네스가 두 작품에서 제시한 영성 주제는 '신비적인 여정'입니다. 이는 총 '42단계'로 분화됩니다. 가나안 땅을 향한 이스라엘 백성의 여정은 그들이 역사 안에서 끊임없이 상기하게 될 '원체험'입니다. 그것은 또한 하느님을 향해 나아가는 우리에게도 늘 곱씹어야 할 소중한 사건입니다. 오리게네스는 약속의 땅을 향한 이스라엘 민족의 여정을 신약의 관점, 즉 그리스도와의 관계 안에서 풀어내며 신자들에게 필요한 영적인 메시지들을 끌어냈습니다.

이스라엘 백성의 사막 여정

1) 두 작품의 구조

총 13개의 강론을 바탕으로 하는 《탈출기 강해》는 세 부분으로 나뉩니다. 우선, 1부(제1강론~제4강론)는 이집트에서의 이스라엘 자손들과 모세, 하느님이 이집트인들에게 내린 10가지 재앙이 갖는 의미를 설명합니다. 이어서 2부(제5강론~제8강론)는 가나안을 향해 여정을 떠난 이스라엘, 모세의 누이인 미르얌의 노래, 십계명에 대해 설명합니다. 3부(제9강론~제13강론)는 지성소, 마라에서의 물의 기적, 아말렉과의 전투 등에 관해 설명합니다.

두 번째로 《민수기 강해》는 총 28개의 강론을 바탕으로 하여 여섯 부분으로 나뉩니다. 1부(제1강론~제5강론)에서 호구 조사, 행진의 순서, 레위 지파 등에 관해 설명하며, 2부(제6강론~제8강론)에서는 모세의 혼인, 미르얌의 벌, 모세의 영광, 백성의 반란 등을 소개합니다. 그리고 3부(제9강론~제11강론)에서는 코라의 반역, 아론의 지팡이, 맏물의 봉헌 등을 다루며, 4부(제12강론~제20강론)에서는 바알에 대한 승리, 발라암 이야기, 미디안 여인과의 간음 등을 다룹니다. 5부(제21강론~제24강론)에서는 두 번째 호구 조사, 모세의 후계자, 하느님께 드리는 봉헌물과 축제 등을 이야기하고, 6부(제25강론~제28강론)에서는 마디안과의 전쟁, 이스라엘 자손들의 유산, 사막 여정의 단계들, 거룩한 땅을 설명합니다.

2) 《탈출기 강해》와 《민수기 강해》 사이의 관계

이스라엘의 이집트 탈출에서 가나안 도착까지의 여정은 크게 두 부분으로 나뉩니다. 첫 번째 부분은 탈출에서 시나이 산까지의 여정으로 탈출기가 이 부분을 다룹니다. 다른 하나는 시나이 산부터 가나안에 도착할 때까지의 단계로 민수기에서 이를 다루고 있습니다. 전반부인 이스라엘 백성이 이집트를 탈출해서 시나이 산에 이르는 여정은 《탈출기 강해》를 통해 소개되고 있으며, 시나이 산부터 최종 목적지인 가나안을 향한 여정은 《민수기 강해》를 통해 소개되고 있습니다. 이처럼 오리게네스는 이 두 작품에서 이스라엘 백성의 전체 여정을 통합적으로 제시하고 있으며, 이를 바탕으로 '하느님과의 사랑의 합일'을 향한 영적 여정을 상징적으로 설명했습니다.

오리게네스 이전에 탈출 사건을 해설한 바 있는 필론과 바오로 사도 그리고 알렉산드리아의 클레멘스에게는 시나이 산에 이르러 십계명을 받은 사건이 이스라엘의 사막 여정에서 중심적인 사건입니다. 반면, 오리게네스에게 이 사건은 최종 종착지인 약속의 땅에 이르는 여정의 여러 단계 중 하나로 제시될 뿐입니다. 그에게는 시나이 산에 도착하는 것만이 아니라 사막에서의 여정 자체가 가나안에 이르기 위한 길입니다. 더 나아가 이스라엘 백성이 사막에서 체류하는 것은 인간이 하느님 은총의 도움을 받아 영적으로 상승하는 가운데 최종적으로는 하느님께 도달해서 그분과 사랑으로 합일하기 위해 걸어야 할 '인간의 영적인 여행'임을 상징적으로 드러내고 있습니다.

이스라엘 백성은 이집트 탈출을 자신들의 역사와 운명의 중심에 있는 사건으로 보았습니다. 그리고 가나안을 향한 사막에서의 여정을 통해 진정한 하느님의 백성으로 거듭나게 됩니다. 이 두 가지 사건은 이스라엘 민족의 역사에서 그들의 정체성에 토대를 놓은 핵심적인 사건이자 인류를 향한 하느님의 계시 역사 전체에 있어서도 토대가 되는 중요한 사건입니다.

오리게네스는 탈출기와 민수기를 주해하면서 이스라엘 민족의 여정을 예언자들과 현자들 그리고 다윗과 에즈라에게로 확장했습니다. 그리고 유다이즘에서 그리스도교로 이어 가면서 전체 구원 역사의 완성이신 그리스도와 그분이 세우신 교회로 이야기를 발전시켜 갔습니다. 이로써 우리 신앙인의 삶에 유익한 영적 메시지를 찾아냈습니다. 그는 《민수기 강해》 27장 2절에서 이집트 탈출을 영적으로 해석하면서 이를 이교도의 삶, 세속에 물든 삶에서 신앙을 바탕으로 한 새로운 삶을 향한 '회심'으로 보았고, 신자들이 걸어야 할 여정의 '최종 목표'와 연결했습니다.

3) 두 작품의 목적

이 두 작품은 '강론'의 성격을 띠고 있습니다. 즉, 일반 신자들을 교육하기 위해 작성된 것입니다. 오리게네스가 작품을 쓰면서 사용한 여러 수사학적인 기법들을 분석해 보면, 그가 이 작품을 쓴 목적을 알 수 있습니다.

나우틴P. Nautin과 맥B. Mack이라는 교부학자에 따르면, 오리게네스는 성경 주해를 바탕으로 한 자신의 강론을 통해 청중들이 자기 자신을 인식하길 바랐습니다. 또한 사제들이 이를 바탕으로 강론을 준비해 성경에 담겨 있는 윤리적인 의미를 제대로 전하며, 신자들을 향해 연민과 사랑의 마음을 갖고 강론을 하기를 바랐습니다. 그리하여 신자들이 단지 성경 본문에 나오는 과거 이스라엘의 이야기만 듣는 것이 아니라 이를 오늘의 맥락에서 새롭게 해석함으로써 각자의 삶 속에서 또 다른 '이집트 탈출'을 시도하도록 초대했습니다.

오리게네스는 전통적인 수사학적 기법과 달리 독특한 자신만의 영성적인 색채를 가미해서 가르침을 전했습니다. 이는 신자들이 자신이 처한 상황에서 벗어나 회심하고 기도하는 가운데 하느님을 향해 나아가게 하려는 것입니다. 이를 위해 오리게네스는 그리스도를 탈출과 회심 그리고 치유의 중심에 계신 안내자이자 교육자, 영적인 의사로 소개했습니다.

신앙 여정의 안내자이신 그리스도

사실, 오리게네스에게 그리스도는 보이지 않는 하느님을 우리에게 보여 주시는 유일한 그분의 모상입니다. 인간은 바로 그분의 모습에 따라 창조되었습니다. 그런데 인류의 조상은 원죄를 지음으로써 타락하게 되었고 그분을 닮은 모습에 손상을 입게 되었습니다. 이렇듯 인간은 원죄를 범한 이후 천상에서 자유롭게 살던 상태에서 지상의 노예로 전락하고 말았습니다.[7] 그러므로 인간이 이런 비참한 상태에서 구원되기 위해서는 상처받은 그를 끌어내 치유해 줄 뿐만 아니라 본래 지녔던 모습을 회복하도록 인도해 주는 분이 필요합니다. 그분이 바로 그리스도이십니다. 그리스도는 손상되고 상처받은 인간을 치유하

---

7 참조:《탈출기 강해》8,1.

고 복원해 줄 의사이자 원모델이십니다. 성부께서는 사랑으로 상처받은 인류에게 그리스도를 보내 주셨습니다. 이것이 곧 그리스도의 강생 사건입니다. 여기서 오리게네스는 마태오 복음서 1장에 소개된 예수님의 족보에 주의를 기울이며, 그분이 42세대를 거친 후에야 비로소 이 세상에 태어나셨음을 눈여겨보았습니다.[8]

이어서 하느님을 향한 인간의 영적 여정을 이스라엘의

---

[8] "이 모든 세대의 수는 아브라함부터 다윗까지가 십사 대이고, 다윗부터 바빌론 유배까지가 십사 대이며, 바빌론 유배부터 그리스도까지가 십사 대이다." (마태 1,17)

사막 여정에 비유하면서, 모세가 이 여정에서 이스라엘 백성을 이끌었듯이, 그리스도야말로 모든 인류를 이 현세의 여정에서 하느님께로 이끌어 주실 신약의 참된 모세라 보았습니다. 그래서 이렇게 전합니다. "만일 누군가 모세를 거슬러 불평을 한다면, 모세는 그에게 바위를 보여 줄 것입니다. 이 바위는 그리스도이며, 바로 여기서 나오는 물을 마심으로써 우리는 갈증을 잠재울 수 있습니다."[9] 계속해서 오리게네스는 이렇게 말합니다. "단지 모세 혼자서 이스라엘 백성을 물이 솟아나는 바위로 인도하는 것이 아닙니다. 모세는 원로들과 함께 백성을 이끌고 있습니다. 즉, 율법만 그리스도를 알려 주는 것이 아니라 예언자들, 선조들 그리고 그 외 모든 원로가 함께 그분을 알려 주고 있습니다."

오리게네스에게 중요한 것은 그리스도야말로 참된 생명이요, 참된 양식이라는 사실입니다. 이것은 '만나 이야기'와 '바위에서 물이 솟아난 이야기'를 통해 강조되고 있습니다.

---

9 《탈출기 강해》 11,2.

더 나아가, 오리게네스는 예수님이 42세대에 걸쳐 탄생하셨다는 사실을 영성적인 단계를 드러내는 것으로 해석했습니다. 우리가 하느님께로 오르려면 바로 이 42단계를 역으로 거슬러 올라가야 한다는 것입니다. 강생 사건을 통해 이루어진 그리스도의 하강은 우리가 일상의 삶을 통해 하느님과의 사랑의 합일을 향해 상승하도록 만드는 근본 동기가 됩니다. 그리스도는 하느님이 계신 천상으로부터 우리가 사는 수준으로 내려오셨고, 천상을 향한 길을 몸소 열어 주신 분이기 때문입니다. 그래서 오리게네스는 이렇게 말합니다. "하느님을 향해 오르고자 하는 사람은 우리를 위해 내려오신 그분과 더불어 올라가야 합니다. …… 내려가신 분은 또한 올라가셨기 때문입니다."[10] 바로 여기서 인간에게 하느님의 초대에 대한 협력과 책임이 요구됩니다.

그런데 어떻게 하느님을 향해 오를 수 있을까요? 이는 공간적인 개념이 아닙니다. 오리게네스에 따르면, 그것은 그리스도를 닮아야 가능한 일입니다. 그리스도께서 강생

---

10 《민수기 강해》 27,3.

사건을 통해 우리 곁에 오신 것은 우리가 닮아야 할 원형을 우리에게 보여 주기 위해서입니다. 우리는 특히 신약성경을 통해 드러난 그분의 모습을 닮고 그분의 말씀을 실천함으로써 그분이 이 세상에 오시기 위해 거쳤던 42단계를 역으로 거슬러 올라갈 수 있습니다. 그러므로 인간은 일상 속에서 매일 주님을 닮기 위해 노력해야 합니다. 현세라고 하는 이 사막을 거치며 그리스도께서 내려오셨던 길을 거슬러 오르는 가운데 하느님을 찾아야 합니다. 이것이 바로 하느님을 향한 인간의 영적인 여정입니다. 오리게네스는 이에 관해 다음과 같이 설명합니다. "그리스도는 모든 영혼을 위한 문입니다. 그분을 통해 들어오고 나오는 가운데 영적인 양식을 찾을 수 있습니다. 그리고 바로 이 문을 통해 더 높은 방으로 들어갈 수 있으며, 42개의 방을 거쳐 성부께 도달하게 됩니다."[11]

오리게네스는 사막에서의 영적인 여정을 거치는 과정에서 가장 근본적인 것으로 그리스도께 대한 믿음을 꼽았습니다. "만일 그대가 깊은 믿음을 갖고 하느님의 말씀이

---

11 《민수기 강해》 27, 2.

신 그리스도께서 교회 안에 선포되었음을 받아들인다면, 이 말씀은 그대가 바라는 모든 것이 되어 줄 것입니다."[12] 더 나아가, 오리게네스는 사막 여정 동안 주님께서 당신의 은총으로 주도권을 갖고 우리를 인도하신다는 점을 강조했습니다. "우리 또한 이집트의 종살이에 있었습니다. 즉, 이 세상의 어두움과 무지 속에 살면서 육체의 탐욕과 정념 가운데 악마의 행실을 따랐습니다. 주님은 우리의 고통을 불쌍히 보시고 독생 성자인 말씀을 보내 우리를 이 무지의 상태에서 해방시켜 주시고 하느님의 빛 속으로 인도해 주셨습니다."[13] 또한 여기에 덧붙여 설명합니다. "여러분은 종살이하던 이집트에서 예수 그리스도를 통해 탈출할 수 있었습니다." 이스라엘 백성처럼 약속의 땅에 들어가기 위해 사막 여정을 떠나도록 불린 것은 결코 우리의 공로 때문이 아니라 우리를 향한 하느님의 자비와 연민 때문입니다. 곧, 이 여정은 우리에게 선물처럼 거저 주어진 것입니다.

---

12 《탈출기 강해》 7,8.

13 《민수기 강해》 27,2.

그런데 약속의 땅을 향한 이 하느님의 부르심은 유일한 '하느님의 모상'이신 그리스도께서 우리와 같은 인간이 되셨다는 것과 깊은 관련이 있습니다. 보이지 않는 하느님을 우리에게 보여 주신 유일한 분, 본질적인 면에서 하느님을 닮은 유일한 분께서 바로 그 약속의 땅을 향한 길을 열어 주셨기 때문입니다. 사실, 모든 신자가 추구해야 할 진정한 약속의 땅은 하느님입니다. 그분이야말로 우리 영혼이 궁극적으로 염원하는 영원한 진리이자 궁극적 사랑이기 때문입니다. 그러므로 약속의 땅인 하느님께로 우리를 인도할 분은 '강생'과 더불어 이 세상에 오신 그리스도이십니다. 그리스도가 인도하시는 길을 따라 나아갈 때 우리는 사막의 여정을 거쳐 약속의 땅으로 들어갈 수 있습니다. 그래서 오리게네스는 이 여정의 안내자이신 그리스도에 대해 이렇게 전합니다. "그리스도께서는 성경에 마음을 여는 모든 사람 안에서 불꽃이 되어 타올라 몸소 우리를 하느님께로 들어 올려 줍니다."[14] 그리고 더 구체적으로 다음과 같이 설명합니다. "이 영적 상승의 여정

---

14 《탈출기 강해》 7,8.

에 인도자가 계신데, 그분은 모세가 아니라 불기둥과 구름 기둥, 즉 성자와 성령입니다. …… 주님께서 친히 그들을 이끄십니다."[15] 그러므로 이 여정의 종착지에 무사히 잘 도착하려면 안내자이신 주님께 우리의 여정을 맡겨 드려야 합니다. 특히 어렵고 힘든 순간, 절망적인 순간일수록 그래야 합니다.

사실, 우리 삶의 주도권을 온전히 그분께 맡기는 것은 커다란 도전이자 모험입니다. 그것은 마치 고속도로에서 운전하다가 승용차의 운전대를 다른 이에게 넘겨주는 일과 같습니다. 운전대를 넘겨주는 순간부터 내 목숨은 운전대를 쥔 사람의 손에 달려 있게 됩니다. 약속의 땅을 향해 떠난 사막의 여정에서 더 이상 내가 아니라 주님께 길 안내를 맡기는 것은 곧 우리의 현재와 미래, 우리 삶의 모든 것, 우리의 목숨을 거는 것과 같습니다. 어떤 위험이 들이닥칠지 모르기 때문에 불안하고 초조할 수밖에 없습니다. 그만큼 주님을 신뢰하고 사랑하지 않으면 할 수 없는 일입니다. 그러나 우리가 믿고 따르는 예수님은 그 누구

---

15 《탈출기 강해》 7,8.

보다 성부 하느님을 잘 알고 사랑하며 그분과 깊은 친교를 이루시는 분입니다. 예수님은 성부께서 어디에 사시는지, 어느 길을 거쳐야 그곳으로 갈 수 있는지 누구보다 잘 아십니다. 어설픈 운전 실력에 목적지도 제대로 모른 채 불안한 상태에서 운전하는 것보다 그분께 우리 삶의 운전대를 맡겨 드리는 것이야말로 가장 현명한 선택이라 생각합니다. 이런 신뢰의 자세는 매일의 삶 속에서 주님의 뜻에 따라 사는 것, 그분의 섭리에 우리 자신을 온전히 내어 맡기는 것을 말합니다. 오리게네스에 따르면, 신자들이 이 사막의 여정을 걷는 동안 견지해야 할 가장 기본적인 태도는 바로 주님을 향한 신뢰의 자세입니다.

주님이신 그리스도께서 인도자가 되어 주신다는 것은 우리가 이 사막을 횡단할 수 있도록 친히 우리의 '힘'이 되어 주신다는 것을 뜻합니다. 모세를 통해 주님의 인도를 따라 약속의 땅을 향해 걸었던 이스라엘 백성이 매일 주님이 내려 주시는 만나를 먹으며 살았듯이, 그분 또한 친히 빵과 포도주의 형상으로 매일 우리에게 양식으로 오셔서 영적인 힘을 불어넣어 주시기 때문입니다. 이스라엘 백성이 여정 가운데 대면한 많은 위험, 특히 이민족과의 전쟁에서 승리할 수 있었던 것도 주님 친히 그들의 '힘'이 되어 싸워 주셨기 때문입니다. 그와 마찬가지로, 주님은 이 여정에서 많은 위험과 유혹을 대면하는 우리를 대신해서 친히 우리의 '힘'이 되어 싸워 주십니다. 오리게네스는 이를 다음과 같이 전합니다. "이스라엘의 자손들은 자신의 힘으로 이 여정을 걷습니다. 그런데, 이 힘이 하느님의 권능 자체이신 그리스도가 아니라면 무엇을 의미하겠습니까?"[16] 또한 탈출기를 주해하면서 이렇게 말합니다. "바로 이 주님께서 이집트 병사들과 말들을 바다 가운데 몰아넣으셨고, 아말렉족과 친히 싸워 주셨습니다. …… 그러므로 주님은 우리 편이 되어 우리를 구원으로 이끄시는 기사가 되어 주셨습니다."[17]

결국, 오리게네스가 이스라엘 백성의 사막 여정을 바탕으로 우리에게 가르치는 것은 강생하신 그리스도께 대한 굳센 믿음입니다. 그들이 자신들을 인도하신 하느님을 믿

---

16 《민수기 강해》 27,3.
17 《탈출기 강해》 6,2.

으며 거친 사막의 여정을 해냈듯이, 신약의 새로운 이스라엘 백성인 그리스도인들도 마찬가지로 그리스도를 믿고 따를 때만 이 현세의 사막을 횡단해서 천상 본향에 이를 수 있는 것입니다. 그러므로 이 여정을 완주할 수 있는 유일한 비결은 우리와 함께하시는 그리스도를 알고 그분에 대한 사랑을 키워 가는 데 있습니다.

수덕을 통한 영적 상승

영혼의 상승적인 진보 여정에서 우리는 또한 수덕적인 차원, 즉 덕을 닦고 수련하는 차원을 보게 됩니다. 이는 인간을 영, 영혼, 육체로 구성된 존재로 보는 삼중적인 인간 이해와 맞물려 있습니다.

오리게네스의 가르침에서 인간이 하느님을 향해 나아가는 상승의 여정은 우리가 세례 때 받은 소명을 키워 나가는 것과 맥을 같이 합니다. 다시 말해, 세례가 의미하는 것, 세례가 우리에게 요청하는 바를 완성해 가는 여정이

오리게네스가 말하는 하느님을 향한 여정입니다. 우리는 이 과정에서 죄를 멀리하고 덕을 닦으며 주님을 따르는 가운데 점차 영적으로 상승할 수 있습니다. 오리게네스는 이 과정을 '수덕적인 상승 과정'이라고 불렀습니다.

오리게네스는 사막의 여정에서 이 세례성사에 대해 전합니다. 전통적으로 교회는 입교를 준비하는 예비 신자들이 준비 기간을 거쳐 세례를 받는 것을 이스라엘 백성이 이집트 사람들의 손아귀에서 탈출하는 홍해를 건너는 사건에 비유해 왔습니다. 여기서 오리게네스는 이스라엘 백성의 사막 여정을 결정짓는 두 장소, 곧 홍해 바다와 가나안 땅을 언급하며 다음과 같이 설명했습니다. "홍해 바다를 건너는 것은 이 신비로운 여정의 시작이며 시나이 산이 아니라 바로 가나안이 이 여정의 종착지입니다."[18] 이러한 전망으로 볼 때 '수덕'과 '고행'이라는 주제가 자연스럽게 이 신비로운 여정에서 드러나게 됩니다. '수덕', 즉 덕을 닦는 것은 그 자체로 의미가 있는 게 아니라 하느님과 더불어 사랑의 만남, 즉 '신비'를 준비하고 지향한다는 점에서 의미를 지닙니다. 이스라엘 백성은 가나안에서 주님을 만나기 위해(수덕) 이집트에서 누렸던 안일한 삶을 떠나야 했으며, 그 과정에서 자신들을 계속 노예로 부려 먹으려는 이집트인들에 맞서 싸워야 했고, 사막 여정에서 많은 이민족들과 전투를 치러야 했습니다. 또한, 물과 음식의 부족으로 주님을 저버리고 우상을 숭배하려는 유혹에 맞서 싸워야 했습니다(수덕). 이 모든 것은 결국 그들이 가나안에 들어가기 위해 치러야 하는 시험입니다. 이 순간들을 잘 거치는 가운데 주님을 알아 가고 그분의 백성

---

18 《탈출기 강해》 6,2.

이 되어 갈 때, 그들은 주님이 마련하신 약속의 땅에 들어가기에 합당한 자격을 갖추게 됩니다.

그러므로 오리게네스는 이 여정에서 그리스도께 대한 신뢰와 함께 또 다른 중요한 요소로 '수덕'의 자세를 들었습니다. 그는 이에 대해 다음과 같이 가르칩니다. "신앙과 덕의 모든 여정을 한 계단 한 계단 오르고 나아가도록 노력하십시오. 먼저 영과 육이 거룩해지고 영혼의 옷을 깨끗이 하지 않는다면, 그래서 존재 전체가 거룩해지지 않는다면 아무도 하느님의 말씀을 귀 기울여 들을 수 없기 때문입니다."[19]

여기에 더해, 오리게네스는 가나안에 들어가기 위해 현세의 유혹에 빠지거나 안주하지 말도록 경고했습니다. "만일 사막에서 낙오하지 않고 선조들에게 약속한 가나안으로 들어가고자 한다면, 이 현세에 당신의 운명을 놓아두지 마십시오. 이 땅에 당신을 위한 것은 하나도 없어야 합니다. 당신의 몫은 오직 주님뿐이라는 것을 잊지 마십

---

19 《민수기 강해》 27,3.

시오."[20] 이처럼 오리게네스는 주님만이 오직 우리가 염원해야 할 유일한 유산이며, 하느님이 원하지 않는 현세의 것들에 애착하거나 미련을 갖지 말도록 경고했습니다.

이집트에서 먹던 음식을 그리워하거나 사막에서 잠시 휴식하며 즐기던 때를 못 잊어서 거기에 안주하려 들면, 결코 약속의 땅에 들어갈 수 없습니다. 그래서 약속의 땅을 향한 여정은 어찌 보면 이집트로부터의 끊임없는 탈출, 아니 더 정확히는 이집트의 노예살이가 제공하던 약간의 고기와 음료 그리고 한정된 자유에 애착하는 자기 자신으로부터 지속적으로 탈출하는 회심의 여정이라고 할 수 있습니다. 이것이 바로 오래전 이스라엘 백성이 사막을 횡단하며 매일 해야 했던 또 다른 이집트 탈출이자, 오늘 우리가 각자의 사막을 건너며 해야 하는 우리의 영적인 이집트 탈출입니다. 주님께서 약속하신 땅에 이르기 위해 진보하려는 사람은 이처럼 매일 매 순간 영적으로 깨어 있어야 하며, 세속이 주는 매력과 유혹에 빈틈을 보이지 말아야 합니다.

---

20 《민수기 강해》 27,4.

그러면 언제까지 이런 수덕적인 태도를 견지하며 여정을 걸어야 할까요? 오리게네스는 가나안에 도달하는 마지막 순간까지 늘 깨어 있어야 한다고 가르칩니다. 우리의 본성은 나약하고 세상이 주는 매력은 너무도 강력하게 우리를 사로잡기 때문입니다. 오리게네스는 이렇게 매일 안주하려는 안일함으로부터 이탈하는 가운데, 점차 이 여정에 오르며 마침내 약속된 땅인 하느님 자신을 온전히 선물로 받게 될 것이라고 가르쳤습니다.

그런데 이스라엘 백성이 사막의 여정을 거치며 겪는 시험들은 절대 만만하지 않습니다. 오리게네스는 이 시험이 아주 쓰고 힘들지만, 가나안에 이르기 위해 그리고 영적으로 진보하기 위해 반드시 거쳐야 하는 것으로 보았습니다. 그래서 주님께서는 여정의 시작에 이스라엘 백성에게 누룩을 넣지 않은 빵을 '쓴 풀'과 함께 먹도록 했습니다. 이 여정이 결코 낭만적이거나 좋고 유쾌하지도 않으며 오히려 쓰고 고통스러운 것임을 암시하는 대목입니다. 이에 관해 오리게네스는 말합니다. "쓰디쓴 체험을 통하지 않고는 이 약속의 땅에 도달할 수 없습니다."[21] 또한, 그는 레위기 2장 13절 "너희가 곡식 제물로 바치는 모든 예물에는 소금을 쳐야 한다. 너희가 바치는 곡식 제물에 너희 하느님과 맺은 계약의 소금을 빼놓아서는 안 된다."에 대해, 하느님을 향해 여정을 떠난 영혼이 진보하려면 사막에서의 여정 동안 부패하지 않기 위해 '덕'이라는 '소금'을 쳐야 한다고 설명했습니다.

인간이 영적 여정에 본격적으로 진보하기 위해서는 단순히 죄의 기회를 피하는 소극적인 전략만 구사해서는 안 됩니다. 이는 현상 유지만 할 뿐, 더는 앞으로 나아가지 못하도록 하기 때문입니다. 전투에서 가장 효과적인 방어는 공격이라는 말이 있습니다. 이는 영적 전투에서도 마찬가지입니다. '덕'이라는 새로운 무기로 죄와 유혹을 적극적으로 공략할 때, 비로소 진보할 수 있습니다.

이 여정에서 요구되는 수덕적인 측면은 기본적으로 윤리적인 삶과 연관됩니다. 오리게네스는 당시 고대의 여러 종교와 비교하여 그리스도교가 차별화될 수 있는 독특

---

21 《민수기 강해》 27,10.

한 요소는 단지 종교적인 측면뿐만 아니라 '올바른 윤리적 삶'에서 드러난다고 보았습니다. 이 점은 오늘날에도 여전히 유효한 메시지로, 참된 신앙인으로 사는 길이 무엇인지 되새겨 보게 합니다.

주님께서 바라는 참된 신앙인은 단순히 전례와 기도에만 충실히 하고, 성당 문을 나서는 순간부터 부도덕하게 사는 사람, 사회의 정의와 불의를 못 본 체하는 사람이 아닙니다. 신앙인에게는 그 품격에 맞는 윤리적인 삶이 뒷받침되어야 합니다. 윤리적인 삶과 좋은 인성이야말로 신앙인이 갖춰야 하는 기본 품성이자 바탕입니다. 이 바탕이 잘못되면 아무리 수준 높은 영성을 추구한다 해도 모래 위에 집을 짓는 것처럼 헛됩니다. 그러므로 무릇 제대로 영성을 살아 내려는 사람, 영성에 진보하려는 사람은 그 이전에 먼저 자신의 인품이 제대로 닦였는지 돌아보아야 합니다. 비신자들 중에서도 훌륭한 인품을 지닌 사람들이 많고, 오히려 그런 이들이 무늬만 신자인 채 사회에서 온갖 비리와 불의를 저지르는 사람보다 주님 보시기에 좋을 것입니다. 오리게네스는 하느님을 향해 높이 날기 위해서는, 덕이라는 무기에 더해 윤리적으로 올바른 삶을 갈고 닦아야 한다고 본 것입니다.

그러나 오리게네스는 결코 윤리적인 삶에만 신앙생활을 국한하려 한 것이 아닙니다. 윤리적인 삶은 출발점일 뿐입니다. 영적인 성장 과정에서 마지막까지 든든한 버팀목이 되어 주는 신앙생활의 기본적 틀에 불과합니다. 이 윤리적인 삶의 중심 요소는 바로 하느님과의 친밀한 관계입니다. 신자들이 지녀야 할 윤리적 감각은 세속 사람들이 추구하는 단순한 인격자, 덕이 있는 사람이 되는 것에만 그쳐서는 안 되며, 더 나아가 하느님과의 관계 발전을 향해 나아가야 하는 것입니다. 바로 이를 통해 인간은 자기 존재의 궁극적인 의미를 발견할 수 있고 충만히 실현할 수 있습니다. 계속 이야기했듯이 하느님이야말로 우리 인생의 궁극 목적이시기 때문입니다.

여기서 한 가지 짚고 넘어갈 것은, 오리게네스가 말하는 수덕의 대상입니다. 그가 말하는 덕을 닦아야 할 대상은 살 또는 몸으로 언급되는 인간의 육체적인 부분입니다. 단순히 육체 자체가 부정적이거나 죄로 이끈다는 게 아닙니다. 사실, 인간의 육체는 내면을 드러내는 매개체입니다. 그래서 육체는 성사적聖事的이라고까지 말합니다. 육체로 드러나는 말, 행위, 감정, 욕망 등은 그의 내면을 드러내며 동시에 외부 세계와 관계를 맺는 방식을 결정합니다. 그러므로 육체가 어디를 지향하는가 하는 점은 인간의 자기 실현에 있어 중요한 요소입니다.

오리게네스는 이런 면에서 육체를 인간 존재를 구성하는 필수적인 요소로 보았으며, 플라톤처럼 죄악시하거나 부정적으로 평가하지 않았습니다. 단지, 이 육체가 인간을 세속에 대한 욕망과 자신에 대한 애착으로 떨어지게 하여 영적으로 부패시킬 수 있는 가능성을 간직하고 있다는 점에서 영적 여정에 걸림돌이 될 수 있다고 경고했습니다. 더 나아가, 육체를 통해 성령의 작용에 따르고자 열망하는 인간의 영적인 지향을 거스르는 모든 성향을 지적했습니다. 그리고 인간의 영적인 차원과 육체적인 차원이 서로 대립한다고 보았습니다. 그래서 인간의 육체적인 욕망은 그의 영적 진보를 방해하며 더디게 하는 모든 육체적인 요소들, 예컨대 우리의 오감을 사로잡아 하느님을 잊어버리게 하는 모든 것에서 정화되어야 한다고 보았습니다. 그래서 이렇게 말합니다.

"결코 시간을 나태하게 보내지 맙시다. 이 세상의 허황됨이 우리를 유혹할 때, 시각과 후각, 촉각과 청각, 미각에서 드러나는 모든 즐거움에 빠지지 맙시다. 날들은 쏜살같이 갑니다. 이런 허황한 쾌락에 빠져 나태하다면, 결코 우리를 기다리고 있는 이 여정의 목적지에 도달하지 못할 것입니다. …… 오히려, 우리는 이 사막에서 죽고 말 것입니다."[22]

오리게네스는 개별 인간이 해야 할 수행 방법을 설명하며, 먼저 '겸손'의 자세를 들었습니다. 예수님께서 복음서를 통해 말씀하셨듯이, "마음은 간절하나 몸이 따르지 못한다."(마르 14,38)는 점에서 그렇습니다. 참다운 겸손이 없다면, 인간은 자신의 나약함을 인식할 수 없어서 언제 어디서 걸려 넘어질지 모릅니다.

겸손은 있는 그대로 자신의 본모습을 대면하는 용기입니다. 참된 자신의 모습을 대면하려면, 먼저 하느님 앞에

---

[22] 《민수기 강해》 27,7.

선 자신을 바라보아야 합니다. 우리의 존재는 그분에게서 유래했습니다. 사실, 우리는 본래 존재하지 않았을 수도 있었습니다. 우리가 반드시 이 세상에 있어야만 하는 존재는 아니기 때문입니다. 오직 우리를 향한 하느님의 선의와 사랑만이 우리를 존재하게 한 유일한 이유이자 근거입니다.

또한 우리에게는 우리 것이라고 주장할 만한 게 아무것도 없습니다. 우리가 가진 능력, 재산, 지식, 사람은 모두 하느님께서 허락하신 선물입니다. 우리는 본래 아무것도 아닌 존재, 허무에 불과했습니다. 그러므로 우리가 영적인 여정 동안 간직해야 할 겸손에는 두 가지 진리가 담겨 있습니다. 하나는 우리는 본래 허무에 불과했다는 진리, 다른 하나는 그 허무가 하느님의 선의와 사랑으로 이 세상에 소중한 생명으로 존재할 수 있었다는 진리입니다. 이 두 가지 진리를 늘 대면하고 산다면, 우리는 언제나 참된 겸손의 자세를 지닐 수 있을 것입니다.

토마스 아퀴나스 성인은 대표작인 《신학대전》에서 겸손을 설명하면서, 모든 덕 중에 최고의 덕은 애덕이지만 다른 모든 덕에 앞서 오면서 그밖에 다른 덕을 이끌어 오는 덕은 겸덕이라고 말한 바 있습니다. 겸손은 부대 제일 앞에서 행군하며 모든 병사를 인도하는 병사와 같습니다. 겸손이 없는 사람에게서는 다른 덕을 찾아보기 어렵습니다. 겸손하지 못한 사람에게 참된 지혜와 사랑이 깃들 수 없으며, 순명과 청빈의 정신도 깃들 수 없습니다.

또한, 오리게네스는 탈출기 17장 8절에서 13절에 나오는 아말렉족에 대항한 이스라엘의 전투를 영성적으로 해석합니다. 그러면서 천상에 계신 하느님을 향해 오르는 영적인 여정 동안 우리는 언제나 선행과 덕행을 실천하는 가운데 희생 제물을 받쳐 들고 하느님께 두 손을 들어 올려야 한다고 가르쳤습니다. "만일 그대가 영적인 전투에서 승리하기를 원한다면 그대의 손을, 그대의 행위를 들어 올리십시오. 그대의 삶이 이 땅 위에 머물지 않도록!"[23]

사실, 이 영적인 전투에서는 인간의 자유 의지가 아주 중요합니다. 인간은 이 자유 의지로 인해 다양한 선택지 가운데 하나를 선택할 수 있기 때문입니다. 그러므로 '수

---

23 《탈출기 강해》 11,4.

덕'은 인간의 자유 의지에 달려 있습니다. 하느님은 당신의 은총만이 아니라, 인간의 자유 의지와 더불어 그를 성화하시며 사막의 여정을 인도하십니다. 천상 본향을 향해 인간이 거치게 되는 영적인 단계들은 모두 일상의 삶에서 우리의 자유 의지가 어떤 방향으로 향해 있으며 이를 바탕으로 어떻게 하느님의 이끄심에 협력하는가 하는 데 달려 있습니다. 자유 의지를 바탕으로 인간은 매일의 삶에서 하느님을 향해 구체적인 결단을 내리며 영적으로 날아오르기 위한 날갯짓을 하게 됩니다. 그리고 이런 날갯짓은 일상에서의 끊임없는 회심과 덕을 닦는 것으로 표현됩니다.

하지만, 오리게네스는 인간의 자유 의지의 중요성을 강조하면서도 결코 하느님의 은총을 과소평가하지 않았습니다. 오히려 은총은 이 여정을 인도하는 주역입니다. 그는 이 점을 아말렉족에 대항해 전투를 할 당시, 모세가 들어 올린 손을 바탕으로 설명했습니다. 그에 따르면, 이 손은 단지 모세의 손이나 그를 떠받치는 아론의 손이 아닙니다. 곧, 인간적인 업적이나 행위가 아니라 하느님의 업적을 가리키는 것입니다.

하느님은 모세와 아론의 손을 통해 이스라엘을 구원하셨습니다. 그러나 여기서 두 사람의 손이 하늘을 향해 들려 있는 것은, 선한 업적과 희생을 하느님께 드리며 그분께서 이 영적 전투에서 주도권을 쥐고 직접 이 전투를 이끄시도록 도움을 청하는 것이자 동시에 그런 그분의 이끄심에 온전히 협력한다는 것을 의미합니다. 결국, 하느님의 은총은 인간의 영적 여정의 시작에서부터 마지막까지 주도권을 갖고 사막에서 인간을 인도하고 있는 것입니다. 그러한 하느님의 인도에 따라 인간이 자신을 내어 맡기며 협력하는지가 여정의 진보 여부를 결정짓습니다.

지금까지 살펴본 덕을 닦는 인간의 행위에는 '인내' 또는 '항구함'이 동반되어야 합니다. 오리게네스에 따르면, 이 인내는 마치 사람의 몸을 지탱해 주는 뼈대처럼 영적 여정을 떠받치는 근본 요소입니다.[24]

오리게네스는 종종 어떤 덕을 실천하며 그에 따라오는 작은 영적인 위로에 관해 말했습니다. 이는 어떤 유혹

---

24 참조: 《민수기 강해》 27,12.

이나 시험이 지나간 뒤에 따라오는 영혼의 상태로, 영혼이 이를 극복할 수 있는지 보여 주는 시금석과 같습니다. 왜냐하면, 덕을 닦음으로써 인간에게는 영적 진보를 위한 긍정적인 변화가 일어나기 때문입니다. 그러므로 수덕적인 차원은 영적인 진보와 직접 맞물려 있습니다. 오리게네스는 이러한 영적 진보 과정에서 주님의 목소리를 귀 기울여 들으려는 '영적인 청각 능력'을 늘 예민하게 간직해야 한다고 말합니다. 무엇이 주님의 뜻인지 식별하는 능력이야말로 매일 매 순간 우리에게 제시되는 무수한 선택 가운데 주님이 우리에게 바라시는 바로 그 길, 가나안에 이르게 하는 지름길을 발견하게 해 주기 때문입니다.

또한 여정을 걷는 과정에서 우리의 시야에서 멀어지게 해서는 안 될 중요한 것은 우리가 이 여정을 통해 도달하려는 궁극적 목표입니다. 앞에서도 계속 이야기해 온 하느님에 대한 '지복직관', 즉 하느님을 직접 대면해서 관상하는 것입니다. 우리의 궁극적인 행복이 바로 여기에 있습니다.

운전하는 사람이 휴대폰으로 통화를 하거나 문자 메시

지를 주고받으면 주의가 분산되어 교통사고가 날 수도 있습니다. 운전을 할 때에는 정확히 정면을 응시해서 자신이 달리는 도로의 상태를 파악해야 안전하게 목적지에 이를 수 있습니다. 구기 종목을 하는 운동선수들에게는 경기에 임하는 중요한 원칙이 있다고 합니다. 절대로 공에서 눈을 떼지 않는 것입니다. 만일 그렇지 않다면, 언제 어디로 튈지 모르는 공의 움직임에 대처할 수 없어 자칫 팀을 패배로 이끌 수도 있기 때문입니다.

우리의 신앙생활 역시 마찬가지입니다. 우리 삶의 목표인 주님에게서 눈을 떼고 세상이 보여 주는 온갖 현란한 매력에 마음이 **빼앗긴다면**, 언제 어디서 사고가 터질지 모릅니다. 우리가 치르는 영적 전투에서 단 한 순간도 눈을 떼지 말아야 할 '공'은 바로 주님이십니다. 우리는 이 현세의 여정을 걸으며 언젠가는 참진리요 생명이며 사랑이신 주님과 만나 얼굴을 마주하고 영원히 살게 될 것을 잊지 말고, 언제나 영적인 눈으로 그분의 현존을 마음속에 그리며 살아가야 합니다. 이 맥락에서 오리게네스는 약속의 땅에 들어가기 위해서는 마지막 순간까지 현세의 모든 보화를 업신여기고 거기서부터 온전히 벗어나 비워져야 한다고 가르쳤습니다. "만일 이 현세에서 기쁨을 주는 것들을 멸시하고 포기하지 않으면, 저 천상으로 나아갈 수 없으며 하느님께서 약속하신 땅을 받을 수도 없고 그분의 강을 건널 수도 없습니다."[25]

안전지대에 머물지 않는 천막 영성

하느님께서 보여 주신 새로운 비전을 향해 나아가려는 사람은 자신이 안주한 현실을 과감히 떨치고 일어나야 합니다. 그래서 오리게네스는 이렇게 말합니다. "영혼의 진보에서 우선적인 단계는 현세적인 걱정, 불안에서 자신을 떼어내는 일입니다. 그리고 순례하는 사람이 사용하는 천막에서 살아야 함을 아는 것입니다." 또한, 이 여정을 떠나는 영혼은 다음과 같은 태도를 지녀야 한다고 가르칩니다. "이 천막에 사는 사람은 자유로우며 아무런 짐도 갖

---

25 《민수기 강해》 27,12.

지 않은 채 오직 하느님을 향해 발걸음을 재촉합니다." 한마디로, 약속의 땅을 향해 여정을 떠나는 사람은 오직 그 땅에 이르겠다는 강한 열망을 품고 이 여정을 방해하거나 불가능하게 하는 거처나 많은 짐을 지니지 말아야 하는 것입니다. 그리고 한시라도 빨리 약속의 땅에 다가가기 위해 언제든 떠날 준비를 하며 임시 거처인 '천막'에 머물러야 합니다.

여기서 우리는 오리게네스가 가르치는 이탈의 정신을 엿볼 수 있습니다. 이런 그의 영성을 상징적으로 '천막 영성'이라고 말할 수 있겠습니다. 심리학 용어 중에 '안전지대comfort zone'라는 말이 있습니다. 어떠한 사물이 사람에게 친근한 느낌을 주는 심리적인 영역을 일컫는 말로, 사람들은 이 안전지대에서 환경을 통제하는 가운데 걱정과 스트레스를 거의 느끼지 않으며 살아갈 수 있습니다. 브레네 브라운B. Brown 같은 심리학자는 이 지대가 우리의 불확실함과 부족 그리고 취약함이 최소화되는 곳, 우리가 충분한 사랑과 음식, 재능과 시간, 존경에 접근할 수 있다고 믿는 곳이라 설명합니다. 그래서 안전지대를 벗어나면 불안감이 생기고 스트레스가 생깁니다. 이런 이유로, 사람들은 자신에게 편안함을 제공하는 안전지대에 머물고 싶어 합니다. 안전지대에서 벗어나지 않으려는 또 다른 이유는 자신에게 익숙하고 친숙한 상황에 머물면 늘 자신감이 넘치고 무엇이든 할 수 있다고 느끼기 때문입니다. 그러나 보다 풍요로운 삶을 살기 위해서는 이곳에서 벗어날 줄도 알아야 합니다. 우리가 인간적인 측면에서 자기 자신을 실현하고 더 나아가 영적으로 성장하는 가운데 완덕에 이르는 길은 새로운 비전과 가능성을 보여 주는 안전지대 밖에 있기 때문입니다.[26]

헤르만 헤세는 자신의 작품 《데미안》에서 유명한 말을 남긴 바 있습니다. "새는 알에서 나오기 위해 싸운다. 알은 세상이다. 태어나려는 자는 자신의 세계를 깨트려야 한다." 만일 우리가 진정으로 성장하기를 바라고 그동안 얻었던 것과는 다른 결과를 원한다면, 반드시 두려움을 이겨 내고 안전지대에서 벗어나야 합니다. 물론, 안전지대는 누구에게나 필요합니다. 문제는 안전지대에 너무 안

---

26 참조: 피터 홀린스, 공민희 옮김, 《어웨이크》, 포레스트북스, 2019.

주할 때 생깁니다. 편안하고 정적인 상태로 오랜 시간을 보내고 나면 목표를 이루고자 노력하지 않게 됩니다. 새로운 재능을 발견하고 자신의 진정한 잠재력을 일깨워 보다 큰일을 하도록 자극하는 확실한 방법은 안전지대를 벗어나는 것입니다.

사실, 안전지대를 벗어나기란 쉽지 않습니다. 거기에는 언제나 두려움과 불안이 수반되기 때문입니다. 하지만 두려움과 불안이 부정적인 감정만은 아닙니다. 미지의 영역 안으로 들어가 걷다 보면 미지는 어느 새 익숙한 것으로 다가오며, 따라서 두려움과 불안의 대상이 되지 못합니다. 오히려 새로운 세계가 보여 주는 성장 요인들에 집중한다면, 그것은 호기심과 흥미의 대상이 될 것입니다. 그러므로 안전지대에서 벗어나길 두려워한다면, 그 생각을 떨쳐 버려야 합니다. 그리고 용기를 갖고 미지의 세계를 향해 첫걸음을 내디뎌야 합니다.[27]

이스라엘 백성은 이집트라는 익숙한 안전지대를 벗어나 끊임없이 주님의 초대에 응답하며 사막이라는 미지

---

27 참조: 앞의 책, 33-63.

의 세계로 한 발 한 발 들어갔습니다. 그리고 그 사막에서도 어느 한 곳에 안주하지 않고 자신들이 임시로 만든 안전지대에서 떠나 주님의 약속을 믿으며 그분이 보여 주는 길을 향해 발걸음을 옮겼습니다. 주님의 섭리에 온전히 의탁하면서 말입니다.

'천막 영성'으로 대변되는 오리게네스의 가르침은 천상 본향을 향해 각자의 사막을 걷는 우리에게 남다른 의미가 있습니다. 우리는 세상이 주는 소소한 행복에 사로잡혀 이 지상에 우리가 머물 집을 마련하기 위해 평생 각고의 노력을 기울입니다. 보통 남자들이 장성해서 직업을 갖고 배우자와 만나 가정을 꾸리고 자녀를 낳아 꿈꾸는 것은 가정을 이루고 그 가족과 함께 행복하게 살 수 있는 보금자리를 마련하는 것입니다. 그러나 현실적으로 쉽지가 않습니다. 그렇게 온갖 노력을 하다가 노년기가 시작되고, 멀지 않아 죽음을 준비해야 합니다. 돈이 많다고 해서 다른 것은 없습니다. 언젠가 죽음의 강을 건너야 할 때, 우리는 이 세상이 주는 모든 것들을 놓고 떠나야 합니다. 우리는 단지 이 지상을 순례하는 사람들일 뿐입니다. 주님께서 우리를 위해 마련하신 저 영원한 천상 거처로 들어가기 위한 순례인 것입니다.

그러므로 오리게네스의 가르침처럼, 오늘 우리가 머무는 곳을 주님께서 임시로 마련해 주신 천막으로 여기며 언제든 떠날 준비를 해야겠습니다. 이 세상이 어떤 매력적인 것으로 우리를 유혹하든 거기에 머물지 말아야 합니다. 그 유혹에 현혹되어 주저앉게 되면, 우리는 결코 주님이 우리를 위해 마련하신 약속의 땅, 천상 거처로 들어갈 수 없습니다. 우리의 참된 집은 저 천상에 있습니다. 그 집은 바로 하느님의 품입니다.

오리게네스는 인간이 이 여정을 출발한 지 얼마 안 되어 다양한 유혹에 직면하게 되는데, 턱을 닦는 가운데 이를 극복하도록 권했습니다. 그에 따르면, 여정이 진보할수록 영혼은 세상이 주는 유혹과 어두움에 직면하게 되는데, 그때 좌절하지 말고 그 어두움 속에 숨어 있는 악의 세력에 맞서 용감히 싸움으로써 승리해야 한다는 것입니다.

영적인 그릇의 필요성

흔히 사람들은 자신에게 의미나 가치로 다가오는 일에 열정을 쏟아부으며 그 일을 성취하고자 노력합니다. 어떤 일이든 그 시작은 매력적이며, 불사르는 듯한 열정이 솟아나 며칠 만에 그 일을 끝낼 것 같은 착각에 빠집니다. 하지만 대부분의 중요한 일들은 최소 몇 년에서 십수 년의 기간, 아주 가치 있는 일들은 평생 걸리기도 합니다. 사실, 열정은 한순간 미친 듯이 좋아해서 일하는 게 아닙니다. 열정은 '강도'가 아니라 '지속성'에 있습니다. 아무리 자신이 좋아하는 것이라도 너무도 힘들 때가 있습니다. 그걸 이겨 내는 것이 진정한 열정입니다.

《그릿》[28]이라는 책을 집필한 심리학자인 앤절라 더크워스Angela Duckworth에 따르면, 진정한 열정은 한순간 불사르다 사그라지는 감정이 아닙니다. 열정은 한순간 미친 듯이 좋아하는 것이 아닙니다. 힘든 순간에도 포기하지 않고 계속 자기가 시작한 일을 사랑하는 끈기가 진정

---

28 참조: 앤절라 더크워스, 김미정 옮김, 《그릿GRIT》, 비즈니스북스, 2016.

한 열정입니다. 인생은 100미터 달리기가 아니라 마라톤입니다. 천상 본향을 향해 나아가는 신앙인들의 영적 여정도 마찬가지입니다. 앤절라 더크워스는 이 '끈기 있는 열정'을 '그릿'이라고 말합니다.

그릿은 두 가지 요소로 이루어져 있습니다. 실패한 뒤에도 계속해서 도전할 수 있는 끈기, 그리고 한 가지 일에 수 년간 지속해서 집중할 수 있는 열정입니다. 우리 삶은 수많은 파도로 넘쳐 납니다. 크고 작은 파도들을 온몸으로 부딪쳐서 극복해야 자신이 뜻한 바를 비로소 이룰 수 있습니다. 신앙의 여정도 그렇습니다. 같은 공동체에 속한 다양한 성격의 사람들과 이견을 좁히며 호흡을 맞추는 가운데 함께 일을 도모하고 완성해야 하는 지루하고도 힘든 과정을 견뎌 내야 합니다. 하물며 세상일에서도 그런 수많은 파도를 견뎌야 큰일을 이룰 수 있다면, 하느님을 향해 나아가겠다는 큰 뜻을 품고 이 여정에 들어선 사람들에게 더 큰 난관이 있으리라는 것은 분명합니다. 어떠한 상황에서도 자신이 하느님을 향해 세운 거룩한 원의를 포기하지 않고 키워 나가는 것, 그것이 곧 '인내' 또는 '항구함'이며 '영적인 그릇'이라고 할 수 있습니다.

지금 우리가 함께 묵상하고 있는 사막에서 이스라엘 백성이 가나안에 이르기 위해 거쳐 간 40년이란 세월에는 그들을 위기로 몰아넣은 무수한 위험이 있었습니다. 그러나 그 모든 외부의 위험 이상으로 그들을 실패의 위기로 몰아간 것은 가나안을 향한 하느님의 부르심을 자주 망각한 것, 그분을 포기하고 다른 우상의 매력에 빠져들었던 인내의 부족에 있었습니다. 이집트에서의 종살이를 뒤로하고 주님의 약속을 신뢰하며 홍해를 건널 당시의 열정이 금세 사그라졌던 것입니다. 그들에게는 '영적인 그릇'이 부족했습니다.

사실, 적지 않은 신앙인들이 신앙생활에 위기를 겪는 것은 바로 이 영적인 그릇이 부족하기 때문입니다. 본당에서 신앙생활을 하며 조금만 서운한 게 있어도 다른 사람 탓을 하며 쉽게 냉담하는 사람들을 종종 보게 됩니다. 이는 참진리를 찾아 교회의 문을 두드리고 신앙생활에 입문할 때 지녔던 열정, 세례를 받으며 주님 앞에서 지녔던 그 초심을 잃었기 때문입니다. 성숙한 신앙인으로 거듭나기 위해서는 인간적인 갈등과 서운함을 뒤로하고, 신앙인으로서 추구해야 할 근본적인 소명을 발견하고 자신이 몸담고 사는 가정과 본당 공동체, 직장, 사회에서 성심을 다해 살아야 합니다. 그러기 위해서는 신앙에 입문할 당시 지녔던 열정적 끈기, 즉 '그릿'을 바탕으로 자신의 소명을 끝까지 살아 내야 합니다. 사제와 수도자도 마찬가지입니다. 혹여 현실에 안주하며 성성을 향한 열망을 잃었다면, 그것은 신학교에 입학하고 서품을 받을 때 지녔던 그 마음, 사랑하는 가족을 떠나 수도원에 입회할 당시 지녔던 그 마음, 종신 서원을 할 당시 지녔던 그 초심을 잃어버렸기 때문일 겁니다. 이때 필요한 것은 그 길에 들어설 당시 지녔던 초심과 열정을 끈기 있게 부여잡고 자신의 신분에 맞는 의무를 성심껏 실천하는 데 있습니다. 영적인 그릿을 바탕으로 자신에게 다가오는 수많은 파도를 넘어서며 절망하지 않고 충실히 기본기를 다진다면 성인이 되고자 하는 원의를 이룰 수 있을 것입니다.

하느님께서 이스라엘 백성을 선택해서 기나긴 사막 여정을 걷게 하신 것은, 그들이 당신께 온전히 순명하는 거룩한 자녀로 거듭나게 하기 위함이었습니다. 그렇게 영적으로 성숙할 때, 그들은 주님이 약속하신 거룩한 땅을 받기에 합당한 이들이 될 것이기 때문입니다.

맹자는 이런 말을 남겼습니다. "하늘이 장차 그 사람에게 큰 임무를 내리려 할 때는 반드시 먼저 그의 마음과 뜻을 흔들어 고통스럽게 하고 뼈마디가 꺾어지는 고난을 당하게 하며 그 몸을 굶주리게 하고 생활을 궁핍하게 만들어 그가 하고자 하는 일마다 어지럽고 힘들게 한다. 그것은 타고난 작고 못난 성품을 인내로써 담금질하여, 지금까지 할 수 없었던 일을 하고 하늘의 사명을 능히 감당할 만하도록 역량을 키워 주기 위함이다."《맹자》고자 하(告子 下)

천상 본향을 향한 우리의 여정도 마찬가지입니다. 우리는 이 현세 여정에서 우리의 신앙을 위협하는 수많은 난관을 만나게 됩니다. 그 난관에 직면해서 신앙을 놓지 않고 목적지에 이르기 위해서는 어떤 어려움에 직면해서도 포기할 줄 모르는 굳센 결심과 이를 지속할 열정적 끈기, 즉 '그릿'이 필요합니다.

그리스도와 가까워짐

 이제 다시 본 주제인, 사막에서 이스라엘 백성의 여정을 계속 묵상하겠습니다. 이 여정은 인간이 하느님을 향해 걷는 영적 여정을 함축적으로 보여 줍니다. 이 과정에서 영혼은 자신의 수용 능력에 따라 그리스도를 살이나 빵, 우유나 풀처럼 영적 음식으로 받아들여 섭취함으로써 천상 본향을 향해 나아갈 힘을 얻게 됩니다. 오리게네스는 이 여정에 많이 나아간 사람들을 구별하는 표징으로 '영에 대한 식별'을 들었습니다. 즉, 진보한 사람에게는 다양한 영을 식별할 능력이 있다고 합니다. 그에 따르면, 이런 사람은 영혼을 병들게 하는 탐욕, 교만, 분노, 헛됨, 두려움, 항구하지 못함 등을 식별할 줄 압니다. 이미 사막의 여정을 거쳐 오며 자신 안에서 일어나는 부정적인 성향을 체험함으로써 이를 다룰 줄 아는 지혜를 갖추게 되었기 때문입니다.

 이 여정의 중반에서 오리게네스는 시나이 산을 향한 등정을 언급했습니다. 주님과 계약을 맺고 십계명을 받으러

산에 올라간 모세가 하느님을 체험했듯이, 인간이 오랜 영적 여정을 거치면서 올바른 식별 능력을 바탕으로 천상의 신비를 구별하게 되면, 비로소 하느님은 그를 당신의 빛으로 비춰 주십니다. 이제 인간은 하느님을 관상하고 그분과 사랑으로 일치하는 가운데 탈혼을 경험하게 됩니다. 또한 이 상태에 있는 인간은 그분의 빛을 바탕으로 현세 모든 사물의 진면목을 보게 됩니다.

그러나 오리게네스는 이 상태가 여정의 최종적인 종착지는 아니라고 말합니다. 주님께서 약속하신 가나안에 들어가기 위해서는 아직도 남은 여정을 거쳐야 하며, 이 과정 역시 사막이 주는 수많은 위험과 유혹 그리고 영적 전투에 맞서 마지막까지 성실하게 임해야 한다고 가르칩니다. 그리고 인간은 사막의 여정을 거치며 수많은 유혹에 부딪히게 되는데, 이 유혹들은 이 여정에서 마치 '소금'과 같다고 합니다. 인간은 시시각각 다가와 자신을 흔드는 유혹을 통해 매 순간 깨어 기도하고 주님을 향한 올바른 길을 식별하게 되기 때문입니다. 또한 오리게네스는 이러한 유혹들을 기도와 선행, 사랑을 통해 긍정적으로 변화시키는 것이 중요하다고 보았습니다. 유혹들을 통해 사막을 횡단하는 보다 큰 영적인 힘을 얻을 수 있기 때문입니다.

오리게네스는 이 과정에서 인간이 그리스도와 맺은 관계를 더욱 성장시켜야 한다고 강조했습니다. 사실, 인간이 이 현세의 사막을 걸으며 정립해야 할 것은 그분과의 인격적인 관계를 심화해 가는 일입니다. 그러기 위해 인간은 끊임없이 자신으로부터 이탈하고 죽어야 한다고 오리게네스는 가르쳤습니다. 요한 복음서 3장 30절에서 요한 세례자가 고백하듯이, 그분이 우리 영혼 안에서 더욱 자라시려면 우리는 점점 더 작아지고 죽어야 하기 때문입니다.

이런 일련의 단계를 통해 인간은 약속의 땅에 가까이 도달하게 됩니다. 오리게네스에 따르면, 여기에 이르는 사람들은 이 세상의 보화를 경멸하고 소홀히 해야 합니다. 그렇지 않으면 저 천상을 향해 나아갈 수 없습니다. 이제 인간이 이 모든 영적 전투와 덕의 수련을 통해 사막에서의 영적 여정을 다 거치고 완덕의 절정에 이르게 되면, 마지막으로 '하느님의 강'에 도달하게 된다고 합니다. 그리고 신적인 지혜의 강물을 받아 마실 수 있게 됩니다. 이로써 완전히 정화되어 주님이 마련하신 약속의 땅에 들어갈 수 있습니다. 그리고 마침내 하느님과 완전한 사랑의 일치를 이루게 됩니다.

이러한 일치도 최종적인 상태는 아닙니다. 오리게네스는 죽음 이후 거치게 되는 두 번째 상승의 여정을 말하며, 인간은 이를 통해 최종적이고 완전한 하느님과의 일치에 이르게 된다고 강조했습니다. "인간은 부활 이후에 하늘로 올라야 하는데 이 여정 또한 무수한 단계를 거치며 여기서 올라갈수록 영혼은 더욱더 하느님의 빛을 받게 되며 종래에는 빛 자체이신 아버지 하느님께 도달합니다." 그는 결국 인간이 죽음 이후에도 여전히 하느님과 사랑으로 완전히 일치하기 위해 또다시 정화되어야 하고 궁극적인 일치를 위해 마지막 남은 여정을 거쳐야 한다고 보았습니다. 이처럼 인간의 여정은 이 궁극적인 일치에 이르기까지 끊임없이 하느님을 향해 나아갑니다.

결론적으로, 인간이 하느님을 향해 걷게 되는 영적인 진보의 여정은 우리가 매일 치러야 하는 이집트 탈출이며 동시에 사랑 안에서 하느님을 더욱 알아 가는 과정입니다. 자신이 머무는 안전지대로부터 벗어나 매 순간 하느님을 향해 돌아서는 회심의 발걸음, 하느님 사랑의 심연 속에 끊임없이 잠기는 작업, 더 나아가 매일 매 순간 하느님의 강을 건너 약속의 땅을 밟으려 몸부림치는 것, 바로 이것이 하느님과 완전히 하나가 될 때까지 포기하지 않고 열정적 끈기(그릿)를 간직하며 걸어야 할 길입니다.

살펴보기

천상 본향을 향한 42단계의 상승 여정

인간은 하느님의 모상과 유사하게 창조된 존재입니다. 창세기 1장 26절에서 27절에는 성경 전체를 통틀어 인간을 정의하는 가장 중요한 표현이 드러납니다. 그것은 하느님께서 인간을 창조하시되, 당신의 '모상'과 '유사함'에 따라 만드셨다는 것입니다. 한글 번역 성경에는 이 두 용어가 명확히 구분되지 않지만, 《70인역》 성경, 《불가타》 성경을 비롯해 유럽의 주요 언어로 번역된 성경은 이를 명확히 구분하고 있습니다. 적지 않은 교부들이 이 두 용어를 구별하여 각각의 용어에 서로 다른 신학적, 인간학적 의미를 부여했습니다. 그리고 이를 인간학, 영성을 전개하는 데 중요한 기준으로 활용했습니다.

오리게네스 역시 그랬습니다. 그는 인간을 규정하는 이 두 가지 개념을 구분해서, '모상imago'을 인간이 하느님을 닮았다고 하는 '선물'로, '유사함similitudo'을 그가 더욱더 하느님을 닮아야 한다고 하는 '과제'로 해석했습니다. 인간은 일정 부분 하느님을 닮았지만, 자신의 원형인 하느님과는 모든 면에서 상당한 거리를 두고 있습니다. 그래서 그는 이 현세 여정을 걸으며 더욱더 하느님을 닮도록 부름을 받았다고 할 수 있습니다. 구체적으로 우리가 닮아야 할 대상은 보이지 않는 하느님을 우리에게 계시해 주신 성자 예수 그리스도이십니다. 이 세상에 강생하셔서 우리 가운데 사시며 말씀과 행적으로 모범을 보여 주신 그리스도를 닮는 것이 곧 하느님을 닮는 것입니다. 이와 동시에, 우리가 그분과 맺는 인격적인 관계는 우리가 걷는 영적 여정의 진보 여부를 가늠하는 척도라고 할 수 있습니다.

    이 여정의 중심에는 그리스도께서 계십니다. 그분이야말로 인간에게 영적 여정을 가능케 한 근원이자 이를 완성으로 인도하시기 때문입니다. 오리게네스에 따르면, 인간의 본격적인 여정의 출발점은 그리스도께서 이 세상에 오신 때, 즉 강생 이후부터라고 합니다. 그분이 강생하시기 이전 단계는 이스라엘 백성이 이집트에서 탈출하기 이전의 상태에 비유될 수 있습니다. 이집트에서 종살이하던 이스라엘 사람들은 자신들의 자유를 이집트 사람들에게 바친 채, 그들이 주던 빵과 고기 부스러기에 만족하며 갖은 고생을 했습니다. 오리게네스는 이런 상태에 있던 이스라엘 사람들을 우리와 연관 지으면서 다음과 같이 설명했습니다. "우리 역시 이 세상이라고 하는 이집트에 있었습니다. 우리는 거기서 무지와 어둠 속에 살았습니다. …… 주님은 이런 상황에 있던 우리를 불쌍히 여기셨습니다. 그래서 그분은 당신의 외아들이신 말씀을 보내시어 우리를 이 어둠의 세계에서 떼어내셨고 율법의 빛 안으로 인도해 주셨습니다."[29]

이러한 의미에서 오리게네스는 그리스도의 강생 사건을 인류가 천상 본향을 향해 걷는 여정의 시작에 두었습니다. 더 나아가, 이 지상에서 사셨던 예수님의 생애는 우리가 뒤따라 갈 수 있도록 먼저 모범을 보여 주신 신약의 이집트 탈출에 비견된다고 보았습니다. 이러한 전망에서 볼 때, 현세에서 예수님의 생애와 사명은 교회

---

29 《민수기 강해》 27,2.

안에서 계속되며, 교회는 천상 본향을 향한 궁극적인 이집트 탈출의 여정 속에 있습니다.

  바로 여기서 오리게네스는 현세에서 걷는 영적 여정을 상징적으로 보여 주는 이스라엘 백성의 이집트 탈출부터 가나안에 도착하기까지 42단계를 우리가 거쳐 간다고 하며, 이를 근거로 우리 역시 그렇게 42단계를 거쳐 천상 본향으로 오를 수 있다고 말합니다. 그래서 이렇게 말합니다. "이제 다 함께 그리스도께서 내려오셨던 그 길을 거슬러 올라갑시다. 그분께서 도달하신 마지막 지점을 출발점으로 삼아 우리의 여정을 시작합시다."[30] 이렇게 오리게네스는 인간이 꾸준하게 하느님의 법을 실천함으로써 덕을 쌓게 되고 이를 바탕으로 42단계를 차근차근 오르게 된다고 보았습니다.

---

30 《민수기 강해》 27,3.

"그들 가운데에 섞여 있던 어중이떠중이들이
탐욕을 부리자, 이스라엘 자손들까지 또다시 울며 말하였다.
'누가 우리에게 고기를 먹여 줄까? 우리가 이집트 땅에서 공
짜로 먹던 생선이며, 오이와 수박과 부추와 마늘이
생각나는구나. 이제 우리 기운은 떨어지는데,
보이는 것은 이 만나뿐, 아무것도 없구나.'"(민수 11,4-6)

"결코 시간을 나태하게 보내지 맙시다. 이 세상의 허황됨이
우리를 유혹할 때, 시각과 후각, 촉각과 청각, 미각에서
드러나는 모든 즐거움 안에 빠지지 맙시다. 날들은 쏜살같이
갑니다. 이런 허황한 쾌락에 빠져 나태하다면,
결코 우리를 기다리고 있는 이 여정의 목적지에 도달하지
못할 것입니다. …… 오히려, 우리는 이 사막에서 죽고
말 것입니다."(《민수기 강해》 27,7)

나가는 말

영성의 선구자가 우리에게 건네는 말

신앙을 위해 순교하십시오

오리게네스는 영성적인 가르침뿐만 아니라 삶에 있어서도 귀감이 됩니다. 사실 인간적으로 보면, 오리게네스는 일생을 통해 적지 않은 어려움을 겪었습니다. 아버지의 순교를 보며 자신도 순교의 월계관을 받으려 했습니다. 그러나 어머니의 만류로 남은 일생을 순교하는 마음으로 살아가며 동시대 신자들을 비롯해 후대의 모든 신자들을 위해 엄청난 영적 보화를 마련해 주었습니다. 또한 알렉산드리아 교회 교리 교사로서 학문 발전과 신자 재교육에 큰 역할을 했으며 이 과정에서 자신을 질투한 주교로 인해 고향에서 추방되는 아픔을 겪어야 했습니다. 그러나 하느님의 섭리는 오히려 이를 통해 카이사리아에 새로운 학문적 둥지를 틀고 본격적으로 교회 학문 발전을 위해 힘쓰게 하셨습니다. 오리게네스의 삶을 묵상해 보면, 창세기에 나오는 요셉이 생각납니다. 요셉이 자신을 시기한 형들에 의해 팔려 갔듯이 오리게네스 또한 주교의 질투로 인해 큰 위기를 겪었지만, 이를 기회로 삼아 오늘날까지도 많은 이들에게 훌륭한 영적 가르침을 주기 때문입니다.

오리게네스는 마지막까지 교회 신앙에 충실했고 신앙을 위해, 하느님에 대한 사랑 때문에 순교했습니다. 그의 작품들을 보면, 결코 하느님에 대한 깊은 체험이 전제되지 않고서는 나올 수 없는 것임을 알 수 있습니다. 그의 가르침은 결코 그의 영성, 삶과 분리되지 않습니다. 이러한 면에서 우리는 오리게네스가 신앙인으로서 영성적이며 신비적인 차원의 완성에 이르렀음을 알 수 있습니다.

오리게네스의 삶은 오늘을 살아가는 우리에게도 시사

하는 바가 큽니다. 초대 교회 신자들은 많은 박해로 인해 목숨을 걸고 신앙을 지켜 내고자 했습니다. 그러나 오늘날을 살아가고 있는 우리 신앙인들의 삶은 어떤가요? 세례받은 사람 중 적지 않은 이들이 냉담한 채 소중한 신앙의 진리를 외면하고 살아갑니다. 일부는 신앙을 그저 장식으로 생각하며 살아갑니다. 그런 우리에게 오리게네스는 삶과 신앙의 일치를 가르치고 있습니다. 그는 기도하는 마음으로 성경을 읽고 학문을 연구했습니다. 그리고 몸소 자신이 깨달은 바를 실천하고 타의 모범이 되었습니다.

다양한 종교가 공존하는 사회 안에 살아가는 오늘날, 우리만이 가진 진리를 다른 사람들에게 전해 준다고 하는 사고방식만으로는 효과적인 선교를 할 수 없습니다. 가장 효과적이고 설득력 있는 선교는 우리가 믿고 고백하는 신앙의 진리를 우리가 있는 삶의 자리에서 성심을 다해 살아가며 증거하는 데 있습니다. 그럴 때 우리의 모습을 보고 사람들은 우리가 진리의 증거자들, 하느님의 자녀들임을 알게 될 것이고 복음에 마음의 문을 열 것입니다.

그리스도와 사랑하십시오

오리게네스의 영성적인 가르침을 살펴보면, 우리가 하느님을 향해 어느 정도의 신앙의 밀도와 깊이를 갖고 살아가는지 돌아보게 합니다. 오리게네스는 이전까지 교회 공동체를 하느님의 정배로 인식하고 불렀던 것 이상으로, 모든 사람이 하느님의 정배, 즉 그분의 신부라고 가르치며 혼신을 다해 주님을 사랑하라고 하셨습니다. 인간이 표현할 수 있는 사랑 중 최고의 표현은 남녀 간의 사랑입니다. 그리고 두 사람 간의 총체적인 인격적 결합을 상징적으로 드러내는 '결혼'을 바탕으로 오리게네스는 하느님과 인간 사이의 사랑을 설명했습니다. 그러므로 하느님을 우리 각자의 유일무이한 절대적인 사랑으로 받아들이고 동시에 그분께 우리의 사랑을 내어 드려야 합니다. 과연 우리는 그렇게 하느님을, 예수님을 절실히 사랑하고 있을까요? 같이 묵상해 볼 화두가 아닐 수 없습니다.

인간적인 사랑은 마시면 마실수록 더욱 목마르게 하며 갈증만 더 일으킬 뿐입니다. 그러나 사랑의 근원이신 하느님만이 우리가 앓고 있는 태생적인 사랑의 열병을 낫게 해 주실 수 있습니다. 인간이 되신 하느님, 바로 그리스도야말로 영원히 그리워해야 할 우리의 유일한 정배이자 사랑하는 임이십니다.

이처럼 오리게네스는 '사랑'이라는 우리 존재의 중요한 부분을 건드렸고 그리스도를 우리의 임으로, 정배로 소개하며 어떻게 그분과 사랑을 일구어 갈 수 있는지 그 비결을 가르쳐 주었습니다. 그리고 그 비결은 1,800년이 지난 오늘날에도 여전히 유효합니다.

하느님을 향해 나아가십시오

오리게네스는 가나안을 향해 사막의 여정을 걷는 이스라엘 백성을 통해 천상 본향을 향해 이 지상의 사막을 걷는 우리에게 다양한 영감을 불어넣어 줍니다. 우리는 그가 《탈출기 강해》와 《민수기 강해》에서 소개한 이스라엘 백성 안에서 우리의 모습을 투영해 볼 수 있습니다. 오리게네스는 그들의 여정을 통해 오늘 새롭게 우리에게 부르짖습니다. 하느님에 대한 꿈을 꾸며 그간 우리가 구축해 놓은 안전지대를 넘어서 주님께서 보여 주시는 멋진 미래를 향해 용감히 발을 내디디라고 말입니다.

영원한 생명이요 진리이신 하느님을 만나기 위해 우리는 매일 각자의 이집트 탈출을 감행해야 합니다. 그 과정에서 안주하려는 유혹을 과감히 뿌리치며 끊임없이 천상 본향을 향해 나아가야 합니다. 이 세상에는 우리가 영원히 머무를 집이 없습니다. 인간은 하느님의 모상으로 창조된 존재입니다. 우리는 저 천상에 기원을 둔 천상의 족속族屬, 하느님의 부족部族인 것입니다. 한 줌의 재로 돌아갈 미천한 존재이지만, 그 기원과 존재의 목적은 거룩하며 신적神的입니다. 그러므로 우리는 이 세상이 아닌 저 천상에, 하느님 곁에 영원히 머물 집을 지어야합니다. 그 집에 들어가기까지 이 세상이라는 사막에서 우리의 순례는 계속되어야 합니다. 천막에 살며 언제나 주님이 보여 주시는 길을 따라 떠날 준비를 했던 이스라엘 백성처럼 주님의 섭리에 의탁하며 오늘을 살아야겠습니다.

열정적 끈기로 무장하십시오

오리게네스는 이스라엘의 여정을 통해 천상 본향을 향해 걷는 우리가 거칠고 험난한 각자의 사막을 어떻게 횡단해야 하는지 그 비결을 전해 줍니다. 그것은 다름 아닌 '영적인 그릇', 즉 하느님을 향한 '열정적 끈기'에 있습니다. 어떤 일이든 처음의 열정을 끝까지 간직하며 정진할 때 그 분야에 최고의 고수가 될 수 있습니다. 마찬가지로 하느님을 향해 떠난 이 순례길에 들어섰을 당시 우리가 지녔던 초심을 잃지 않고 천상에서 그분을 뵐 때까지 항구한 마음으로 매일을 살아갈 때, 우리는 분명 위대한 성인이 될 수 있습니다. 사실, 성인이 되는 데에는 다른 비결이 있지 않습니다. 주님을 따르기 시작하며 했던 결심을 일상의 삶에서 매일 조금씩 실천하기만 한다면, 누구나 성인이 될 수 있습니다.

다산 정약용은 말년에 힘든 유배 생활을 통해 인생에 대한 다양한 진실을 깨우치고 난 후, 이렇게 가르쳤다고 합니다. 즉, '비범함'이란 무수한 '평범함'이 쌓인 결과라는 겁니다. 그래서 다산은 이렇게 말합니다. "용은 갑자기 나타나지 않습니다. 일상을 돌아보며 노력했던 소소한 과정이 쌓인 끝에 용은 태어나는 것입니다." 즉 무수히 많은 평범한 노력이 우리를 거대한 용으로 만들어 준다는 것입니다. 그러므로 비범함은 무수한 평범함이 쌓인 결과임을 반드시 기억하고 이를 주님을 향한 매일의 여정에 적용해야 합니다. 작고 평범하다고 소홀히 하지 말고, 성심껏 그 일을 하는 것입니다. 매일 그렇게 노력할 때, 언젠가 우리는 어느새 거대한 용이 되어 하느님을 향해 비상하고 있을 것입니다.

이제 오리게네스의 생애와 영성적인 가르침에 대한 성찰을 마치며 우리는 그가 남긴 삶의 모범과 다양한 가르침을 우리의 삶 속에 다시 한번 구현하도록 노력해야겠습니다. 그리스도를 매일 양식으로 삼아야 할 것이며 동시에 그분을 우리 삶에서 유일무이한 최고의 사랑으로 고백하고 온 힘을 다해 사랑해야겠습니다. 또한, 교부가 쉼 없이 지적했듯이, 하느님의 말씀이 담긴 성경을 신앙생활의 중심에 놓고 매일 그분의 말씀을 묵상해야겠습니다. 그리고 마지막까지 포기하지 않고 주님의 섭리에 의탁하며 그분을 향한 사랑과 열정을 불사르는 가운데 현세에서의 순례 여정을 잘 걸어야겠습니다. 1,800년 전, 우리보다 먼저 혼신을 다해 천상을 향해 길을 뚫었던 하늘의 사람, 오리게네스가 여러분의 영성 생활에 든든한 동반자가 되어 주기를 바랍니다.

"그이의 왼팔은 내 머리 밑에 있고 그이의 오른팔은 나를 껴안는답니다."(아가 2,6)

"이 사랑의 드라마는 신랑과의 합일을 서두르는 신부를 묘사하고 있다. …… 사실, 여기서 말하는 신랑의 왼팔과 오른팔은 잠언에서 지혜께 부여하는 것과 동일하다. 거기서 저자는 이렇게 말한다. '지혜의 오른손에는 장수가, 그 왼손에는 부와 영광이 들려 있다.'(잠언 3,16) …… 그리스도의 수난에 대한 믿음이야말로 교회의 부와 영광을 구성하며 바로 이것이 그분의 왼편에 있는 것이다. …… 그러므로 강생 이전에 있었던 하느님의 말씀이 섭리적으로 활동하신 것을 오른팔이라고 한다면, 강생을 통해 이루어진 활동을 왼팔이라고 할 수 있다."(《아가 주해》 제3권)

지은이 윤주현 신부

가르멜 수도회 소속 수도 사제. 1987년에 입회하여 1995년 가톨릭대학교 신학 대학을 졸업한 후 1998년에 사제품을 받았다. 1996년부터 2001년까지 로마 그레고리아눔에서 영성 신학을, 테레시아눔에서 신학적 인간학을 전공하고 석·박사 학위를 취득했다. 그 후 2006년 아빌라 신비 신학 대학원에서 가르멜 영성 마스터 과정을 수료하고 2011년까지 동(同)대학원의 교수로 활동했다. 또한 2017년부터 2019년까지 가르멜 수도회의 제4대 한국 관구장을 역임했다. 2013년부터 현재까지 대전가톨릭대학교에서 교의 신학 교수로, 수원가톨릭대학교와 가톨릭대학교 문화영성대학원에서 영성 신학 교수로 활동하고 있다. 성 토마스의 《신학대전》 번역·간행 위원이자 《신학전망》, 《신학과 철학》 편집 위원이며, 〈교의신학 교과서〉, 〈수가대 성 토마스 신학총서〉, 〈가톨릭 영성 학교〉, 〈가르멜 총서〉, 〈가르멜의 향기〉 시리즈를 기획·창간했고 이를 통해 43권의 저서와 역서를 출간했으며 20편의 논문을 발표했다. 2018년 제22회 한국 가톨릭 학술상을 수상한 바 있다.